LA CIUDAD OCULTA

HÉCTOR DE MAULEÓN

500 AÑOS DE HISTORIAS

2

2

LA CIUDAD OCULTA

HÉCTOR DE MAULEÓN

500 AÑOS DE HISTORIAS

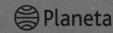
Planeta

Diseño de portada: Diana Urbano Gastélum
Fotografía de portada: © iStock
Ilustraciones de interiores: Diego Martínez
Cuidado editorial: María José Cortés Contreras
Diseño de interiores: Diana Urbano Gastélum

© 2018, Héctor de Mauleón

Derechos reservados

© 2018, Editorial Planeta Mexicana, S.A. de C.V.
Bajo el sello editorial DIANA M.R.
Avenida Presidente Masarik núm. 111, Piso 2
Colonia Polanco V Sección
Delegación Miguel Hidalgo
C.P. 11560, Ciudad de México
www.planetadelibros.com.mx

Primera edición en formato epub: octubre de 2018
ISBN Obra completa: 978-607-07-5199-8
ISBN Volumen 2: 978-607-07-5202-5

Primera edición impresa en México: octubre de 2018
ISBN Obra completa: 978-607-07-5197-4
ISBN Volumen 2: 978-607-07-5204-9

Fotografías de interiores: páginas 16, 28-29, 49, 58-59, 66-67, 82-83, 111-112, 120-121, 136-137, 150-151, 156-157, 162, 186-187, 150-151, 156-157, 162, 186-187, 193, 206-207, 238, 250-251, 256-257 de la Colección Villasana-Torres; página 178 de la Colección Roberto Fiesco

Impreso en los talleres de Litográfica Ingramex, S.A. de C.V.
Centeno núm. 162-1, colonia Granjas Esmeralda, Ciudad de México
Impreso y hecho en México — *Printed and made in Mexico*

«**D**e una ciudad no disfrutas las siete o las setenta y siete maravillas, sino la respuesta que da a una pregunta tuya.»

ITALO CALVINO, en *Las ciudades invisibles*

ÍNDICE

CALLES CENTRALES

8   **El kilómetro cero**
1523

42   **«Gotas de lluvia sobre mi cabeza»**
1970

74   **La novela del metrobús**
2005

112   **El misterioso señor López**
2016

144   **El año en que se borró el pasado**
1935

214   **La última oportunidad de «Doña X de los Ríos»**
1766

240   **Huellas**
1997

PUNTOS DE ENCUENTRO

12   **Cemento**
1965

46   **Traficantes de fantasmas**
2013

78   **Breve historia de Tepito**
1777

116   **Hotel del Prado**
1946

152   **Chapultepec a la una de la tarde**
2015

218   **La Roma, ojerosa y pintada**
2004

244   **El hombre que inventó el Clásico**
1944

MUERTE EN LA CIUDAD

24   **Bocas de púrpura encendida**
1932

54   **Orozco va al sepulcro**
1949

90   **La maldición de *Miss* México**
1960

126   **Solo algunos ruidos**
2012

164   **José Luis Cuevas en un cuarto miserable**
2017

188   **El secreto de Miroslava**
1955

GRANDES TRANSFORMACIONES

18   El último día de don Porfirio
1911

50   Aquella noche en Madero y Motolinía
1916

84   Jueves de Corpus sangriento
1971

122   Escenas de un mundo incumplido
1985

158   Un invento que dice adiós
2011

180   ¡Terremoto!
1787

208   El terremoto con el que entró Madero
1911

222   Un recuerdo de la luz
1783

252   La noche más corta del siglo XX
1691

267   Todas las veces que haga falta
2017

FIGURAS SOBRESALIENTES

30   Gentes profanas en el convento
1915

60   La vuelta de los volcanes
1983

96   Salvador Novo a la orilla del tiempo y la ceniza
1974

132   La última cabalgata del Centauro
1976

168   La virreina fallida
1821

194   Dos plagios del Duque Job
1941

226   Nuestra ciudad suya
2010

258   «Canta, Fito, canta»
1928

LA SORPRESA DE LO COTIDIANO

36   Estación Pantitlán
2017

68   Cuando la droga se legalizó
1938

106   En bicicleta
1889

138   Hojas fumadas
1885

174   El abismo de lo nuevo
1929

202   Novedad del bistec
1843

234   El Automóvil Gris
1915

263   El olvidado escudo de la ciudad
1912

DOCUMENTOS NOVOHISPANOS DEL SIGLO XVI

FRAY BERNARDINO DE SAHAGÚN

HISTORIOGRAFÍA MEXICANA

El cruce de Argentina y Guatemala

1 5 2 3

OTRO AMANTE DEL PASADO

EXPEDICIONES DE CONQUISTA

¡CÓMO SE REGOCIJA EL ÁNIMO CON EL ASPECTO DE ESTA CALLE!

CUADRAS PARALELAS Y REGULARES

UN CONJUNTO DE VOCES QUE ATRAVESARON LOS SIGLOS

El kilómetro cero

En los primeros años del siglo XX, Francisco del Paso y Troncoso localiza, sepultado en el Archivo General de Indias de Sevilla, un legajo amarillento en el que se esconde uno de los secretos mejor guardados en la historia de la Ciudad de México.

Del Paso es entonces un anciano con lentes de arillo dorado, bigote retorcido y barba cubierta de canas. Dedica los últimos años de su existencia a recorrer bibliotecas y museos de Europa en busca de códices indígenas y documentos novohispanos del siglo XVI. Nada puede sorprenderlo: a él se debe el rescate de un texto capital de la historiografía mexicana: la obra, hasta entonces inédita, de fray Bernardino de Sahagún, que ha llegado hasta nosotros con el nombre de *Historia verdadera de las cosas de Nueva España*.

El legajo que acaba de encontrar en el Archivo de Indias, sin embargo, le roba el aliento. Sus dedos largos, flacos, arrugados, empiezan a temblar. Tiene en las manos la «Relación de méritos y servicios de Alonso García Bravo», el hombre que —lee Del Paso en el documento—, en 1523, trazó en una hoja de papel la Ciudad de México. El geómetra que proyectó el primer gran centro urbano del Nuevo Mundo.

Del Paso repite varias veces en voz baja: «Alonso García Bravo, Alonso García Bravo». Nadie ha pronunciado aquel nombre en los últimos cuatro siglos. No se ha concedido crédito alguno al personaje que fijó para siempre las dimensiones de la Plaza de Armas (el actual Zócalo) y decidió en qué sitios iban a levantarse la Catedral, las casas del Cabildo, el palacio de los virreyes. El mismo que determinó la longitud y anchura de las calles

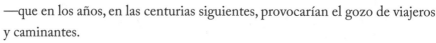

—que en los años, en las centurias siguientes, provocarían el gozo de viajeros y caminantes.

«La traza es la que dio al principio Hernán Cortés», escribió en el siglo XVI el primer cronista de la Ciudad de México, Francisco Cervantes de Salazar. Esa declaración sacaba de la historia a Alonso García Bravo.

Ahora, en las hojas quebradizas que el historiador tiene entre las manos, veintiséis testigos declaran que fue García Bravo quien «trazó esta ciudad tal como agora está». En la quietud del archivo, un conjunto de voces que atravesaron los siglos despejan el misterio sobre el origen de la Ciudad de México.

Y, sin embargo, nadie se entera de aquel hallazgo: ocupado en las mil tareas que demandan su atención, Del Paso se limita a incluir en un índice la ficha de localización del documento y deja para después la escritura de un artículo, un ensayo, una monografía. Dicho propósito no se cumple: muere en Florencia en 1916.

No será hasta cuarenta años más tarde que otro amante del pasado, el historiador del arte Manuel Toussaint, halle la referencia oculta en el índice de Del Paso y rastree el documento en el Archivo de Indias de Sevilla. En 1946, después de estar perdida durante más de cuatrocientos años, se publica al fin la historia del olvidado primer urbanista de México.

García Bravo había participado en expediciones de conquista desde el año 1513. En Pánuco fue herido en combate. Por órdenes de Hernán Cortés, participó en la conquista de Tlapacoya. Pero sus méritos no eran solo militares: sus compañeros de armas le apodaban «el Jumétrico», es decir, «el Geómetra». Cortés le encargó la tarea de trazar la Villa Rica de la Verdadera Cruz.

Consumada la caída de Tenochtitlan, emprendió un trabajo mayor: se le encomendó proyectar, sobre las ruinas aztecas y a través de un complejo sistema de acequias tortuosas que parecían «sierpes cristalinas», la nueva Ciudad de México.

Una de las esquinas del Templo Mayor —para nosotros, el cruce de las calles de Argentina y Guatemala— constituye su centro topográfico: el kilómetro cero de la nueva urbe. En ese sitio traza García Bravo dos ejes rectores: el *decumanus maximus* —de oriente a poniente— y el *cardo maximus* —de norte a sur—. A partir de dicho punto configura cuadras paralelas y regulares que años más tarde —al describir la calle de Tacuba— harán exclamar a uno de los personajes de Francisco Cervantes de Salazar: «¡Cómo se regocija el ánimo con el aspecto de esta calle! ¡Cuán larga y ancha! ¡Qué recta! ¡Qué plana!».

García Bravo traza una ciudad que su primer poeta, Bernardo de Balbuena, va a considerar «centro de perfección, del mundo el quicio». Solo obtiene por recompensa una encomienda de indios, de la que Cortés lo despojará más tarde. A los setenta años, olvidado por todos, dirige al rey de España un memorial en el que solicita el reconocimiento de sus servicios. Nadie lo toma en cuenta. El documento es archivado: se queda en un cajón durante cuatro siglos.

Desde una esquina de lo que hoy llamamos «el Centro», Alonso García Bravo trazó el escenario de nuestras vidas. De él solo quedan unas hojas a punto de desintegrarse. Se desconoce, incluso, el año de su muerte.

UNA HISTORIA DEL COLOR EN LA CIUDAD DE MÉXICO

UNA CIUDAD BLANCA QUE DABA LA IMPRESIÓN DE FLOTAR SOBRE LOS LAGOS

LA VISIÓN IMBORRABLE DE TENOCHTITLAN VISTA A LO LEJOS

La demolición de los templos aztecas

1 9 6 5

«DA LA MATERIA A TANTA ARQUITECTURA UNA PIEDRA QUE EN SANGRE ESTÁ BAÑADA»

EL NEOCLASICISMO DESTERRÓ LA CHILUCA Y EL TEZONTLE

ESE MATERIAL MÁGICO

LOS SIGLOS DE LOS SIGLOS

LA CANTERA FUE LA PIEDRA FAVORITA DEL SIGLO XIX Y DE LOS PRIMEROS AÑOS DEL XX

Cemento

Cincuenta años después de la caída de Tenochtitlan, en su casa de Guatemala, el veterano Bernal Díaz del Castillo cifró en unas líneas la primera clave cromática de México. Al recordar, mientras redactaba su *Historia verdadera de la conquista de la Nueva España*, la visión imborrable de Tenochtitlan vista a lo lejos, describió una ciudad blanca —del color del calicanto— que daba la impresión de flotar sobre los lagos «y se parecía a las cosas de encantamiento que cuentan en el libro de Amadís».

Sin proponérselo, Bernal inició de este modo una historia del color en la Ciudad de México, un tratado que diversos cronistas proseguirán más tarde, acaso de modo inconsciente, durante los siglos de los siglos —solo cinco— que tiene de existencia México-posTenochtitlan.

La demolición de los templos aztecas, construidos con un material que siglos antes había vomitado un volcán —Fernando Benítez dirá que era aquella una ciudad hecha de lava petrificada—, dejó en manos de los conquistadores grandes reservas de una piedra «dócil de labrar», cuya paleta se movía marcadamente alrededor del color rojo: el tezontle.

Escribirá el poeta novohispano Ambrosio de Solís Aguirre:

> *Da la materia a tanta arquitectura*
> *una piedra que en sangre está bañada…*

Octavio Paz descubrió que por causa del rojo del tezontle, la Nueva España fue en realidad una ciudad de reverberaciones cromáticas que parecían proceder de los tonos de dos de sus platillos regionales: el mole y el chocolate. En esos años, anotó el cronista Arturo Sotomayor, «las casas principales, cuando no cubrían sus paramentos con tezontle rojo y con tezontle negro —prolongación en el tiempo de la heráldica cultural mexica—, lucían argamasa cuya aspereza era convertida en poema arquitectónico por arabescos dibujados con las piedrezuelas de ese material mágico [el tezontle]».

En 1559, el arquitecto Claudio Arciniega introdujo en el virreinato el manierismo, un estilo artístico que imitaba la *maniera* de los grandes artistas del Renacimiento y que, a falta de mármol, en el caso concreto de México, dejó en los edificios, sobre todo en las catedrales, grandes portadas construidas con una piedra de tono gris plata conocida como «chiluca»: la Catedral Metropolitana procede de ese impulso.

En el siglo XVII, la piedra chiluca invadió la ciudad y, al alternarse con el tezontle, «fue entonces México una ciudad en rojo y blanco, bicromía preciosa y rara», informa el historiador Francisco de la Maza.

El soneto 235 de Góngora cerró aquel periodo con un verso exultante: «Goza, goza el color, la luz, el oro».

El soneto suele leerse como la insignia mayor del barroco, esa aventura imaginativa que le dio al arte una sensación de irrealidad y le entregó al mundo una nueva gama, una explosión de colores: de los azulejos polícromos que hechizan la casa de los condes del Valle de Orizaba —hoy Sanborns de Madero— a las doraduras fulgurantes que se derraman en los retablos de las iglesias novohispanas.

El virreinato fue clausurado cromáticamente cuando una nueva escuela, el neoclasicismo, desterró la chiluca y el tezontle, y se puso a dialogar con los ocres, los grises, los marrones y amarillos que admitía una nueva piedra: la cantera.

La cantera fue la piedra favorita del siglo XIX y de los primeros años del XX. Está en los edificios que nos quedan de aquel tiempo y que fueron construidos por Manuel Tolsá, y más tarde por figuras como Silvio Contri, Adamo Boari y Gonzalo Garita.

1824 es el año en el que el cemento Portland fue inventado por Joseph Aspdin. Aquel aglutinante, que cambiaría la historia de la construcción, poseía un color gris pizarra. Al mezclarlo con agua y otras sustancias daba paso al hormigón. El éxito del cemento fue tal que se le llamó «el oro gris». Fue, en realidad, el polvo del siglo XX. Escribió Pablo Neruda:

Cemento,
hermano
oscuro, tu
pasta nos
reúne, tu arena
derramada
aprieta, enrolla,
sube venciendo
piso a piso.

Nuestra vida en gris comenzó con ese polvo «de bajo costo y moldeabilidad excepcional», ungido como el tezontle moderno, padre del hormigón y del concreto: el ancestro de la ciudad gris.

Las nuevas casas, los nuevos edificios, todo lo que se levantó en México a partir de la década de 1930 —el magnífico edificio Art Déco de la compañía de seguros La Nacional, en Avenida Juárez, el primero construido con cemento armado— se hizo con el «oro gris», el polvo de nuestro tiempo.

En 1965, la política gubernamental detuvo la creación de nuevas industrias en la capital del país y las desplazó a la periferia, sobre todo a las lindes con el Estado de México. La descentralización industrial, y la necesidad de albergar a los miles de trabajadores que llegaban a las nuevas fábricas, ocasionó el surgimiento de innumerables asentamientos irregulares cuya respuesta la constituyeron el hormigón y el cemento.

Arturo Sotomayor registra, en un libro plagado de pesadillas urbanas, *La metrópoli mexicana y su agonía*, la llegada de la mancha gris de la contaminación y el caos, el fracaso estético de la urbe, la homogeneización de los panoramas desolados en los años en que el cemento Portland comenzó a devorar las áreas verdes del antiguo valle e hizo nacer *De la famosa México el asfalto*.

La historia de esta ciudad, el desastre en que se ha convertido, también puede ser leída a través de los colores que tiene… y tuvo.

El edificio de la aseguradora La Nacional, en la esquina de Juárez y el actual Eje Central, en una postal de los años cuarenta. Este inmueble de estilo Art Déco, planeado por Manuel Ortiz Monasterio, Bernardo Calderón y Luis Ávila, fue uno de los primeros rascacielos de la ciudad.

«EL ÉXITO DEL CEMENTO FUE TAL QUE SE LE LLAMÓ 'EL ORO GRIS'. FUE, EN REALIDAD, EL POLVO DEL SIGLO XX».

¿SE IBA EN VERDAD DON PORFIRIO?

¡Renuncia!

LA DESIGUALDAD: UN MAL QUE MÉXICO ARRASTRA DESDE SU PRIMER DÍA

Así fue aquel 24 de mayo

1911

LA GRITERÍA PODÍA ESCUCHARSE A VARIAS CUADRAS DE DISTANCIA

ERA HORA DE COBRAR AGRAVIOS PENDIENTES

DÍAZ SE REVOLCABA DE DOLOR

MARÍA CONESA PRESENTABA EN EL LÍRICO, AQUELLA NOCHE, LA ZARZUELA *LA GATITA BLANCA*

LA TROPA ABRIÓ FUEGO CONTRA LOS SEDICIOSOS

El último día de
don Porfirio

El 24 de mayo de 1911, la Ciudad de México quedó congelada por un instante. El *Diario del Hogar* anunció en su encabezado principal que el general Porfirio Díaz —treinta y un años en la presidencia de la República— se disponía a entregar su renuncia ese mismo día. Terminaba lo que el cineasta Juan Bustillo Oro, entre otros sacerdotes de la nostalgia, llamaría años después «los tiempos de don Porfirio», una era en la vida de México alentada por el sueño del progreso, aunque fatalmente marcada por la desigualdad: el mal que México arrastra desde hace dos siglos.

¿Se iba en verdad don Porfirio? No había nada confirmado, pero grandes multitudes abandonaron sus ocupaciones y se agolparon, expectantes, frente a la Cámara de Diputados, en la esquina de Donceles y la calle del Factor.

Hay algo inquietante en esos días en los que las noticias de los diarios pierden toda importancia en unas horas, porque un suceso nuevo o inesperado las disuelve. Es como si los diarios narraran, finalmente, días que no ocurrieron. Así fue aquel 24 de mayo. Dejaron de importar los anuncios que avisaban que María Conesa presentaba en el Lírico, aquella noche, la zarzuela *La Gatita Blanca*. Nadie atendía las inserciones que anunciaban descuentos de locura en El Puerto de Veracruz y las Fábricas de Francia. Efectivamente, el Porfiriato parecía terminado: el eje dorado de la aspiración moderna, la suntuosa calle de Plateros, con su rutilante progresión de tiendas, joyerías, bares y restaurantes, lucía totalmente desierta. Nadie podía saberlo, pero la vida que hasta el día anterior había animado al boulevar favorito de la urbe era ya la imagen de otro tiempo.

Los diputados no tenían noticia de la supuesta renuncia de don Porfirio y empezaron a sesionar como en un día cualquiera. Discutían una reforma a la educación primaria cuando se desató un fuerte siseo entre los curiosos que atestaban la galería. Retumbaron dos gritos: «¡Renuncia! ¡Renuncia!» y «¡Viva Madero!». El presidente de la Cámara ordenó que se leyeran los artículos del reglamento que prohibían la intervención del público en los debates. Pero el ruido era tan ensordecedor que el presidente ordenó el desalojo del recinto. Quienes se hallaban en la galería fueron llevados a la puerta a empujones. El público se negó a salir. Las sillas volaron de un lado a otro, los cristales de las puertas estallaron en pedazos, alguien incitó a la muchedumbre a dirigirse a Cadena número 8 —hoy Venustiano Carranza—, en donde se hallaba el domicilio particular de Porfirio Díaz. Una marejada humana bajó por el Factor: fue tal el número de personas que participaron en el alboroto —«miles de gentes del pueblo, y sin ocupación», reseña *El Imparcial*—, que la gritería podía escucharse a varias cuadras de distancia. Las casas comerciales entraron en pánico y cerraron sus puertas. Atraída por el escándalo, una compañía de zapadores avanzó con las armas en la mano y chocó violentamente contra la turba.

En el interior de su residencia, Díaz se revolcaba de dolor: la extracción, mal llevada a cabo, de una muela, lo tenía postrado y con una tremenda inflamación. Hasta el lecho en el que el dictador convalecía llegó el rumor de la muchedumbre. Era el grito con que concluían tres décadas de silencio. Los años de la *pax porfiriana*.

En la calle, la gente destrozó vitrinas, aparadores, anuncios y focos del alumbrado. Algunos estudiantes secuestraron tranvías y recorrieron las calles al grito de «¡Viva Madero!». Un gendarme que se vio rodeado por la multitud fue a ocultarse al interior de la sombrerería Tardán, en los portales del Zócalo: las vitrinas recibieron «una pedriza fenomenal».

De varios puntos llegaron noticias de muertos y heridos. Alguien juzgó que era hora de cobrar agravios pendientes y encaminó a un centenar de ciudadanos a las oficinas de *El Imparcial*, el diario gobiernista que dirigía Rafael Reyes Spíndola. La intención era incendiar la redacción. Otro grupo intentó tomar el Ayuntamiento, e incluso el Palacio Nacional. La tropa abrió fuego contra los sediciosos. Quedaron en el suelo seis cadáveres. Trescientos hombres resultaron heridos.

Las convulsiones se prolongaron hasta las diez de la noche, hora en que un aguacero dispersó a la gente. Aún se oía, sin embargo, el arrastrar de botes de hojalata sobre el empedrado, y los «¡muera!» lanzados contra don Porfirio. Centenares de almacenes fueron saqueados; la camisería La Villa de París, la armería de Combaluzier, la hostería del Gallo de Oro, el Salón Rojo y la cantina The Aztec sufrieron graves destrozos. Las clases acomodadas se pertrecharon en sus casas y pasaron el día temblando.

Si Díaz dudaba aún de la conveniencia de presentar su renuncia, los acontecimientos del 24 de mayo debieron revelarle que había que darse prisa.

«No conozco hecho alguno imputable a mí que motivara este fenómeno social —escribió—; pero permitiendo, sin conceder, que pueda ser culpable inconsciente, esa posibilidad hace de mi persona la menos a propósito para raciocinar y decidir sobre mi propia culpabilidad».

El 25, a las tres de la tarde, puso en manos de la Cámara «el poder que le había confiado el pueblo».

Para entonces, la violencia había cedido, pero las tiendas se mantenían cerradas y la gente marchaba por todas partes agitando banderas. Se oían «mueras» y «vivas». Un grupo que intentó quemar la casa del ministro Limantour obligó a varios soldados a lanzar vivas a Madero. Hubo jaloneos, golpes, disparos y otro muerto.

Los estudiantes seguían en poder de la red de tranvías y lanzaban, desde el techo de estos, airadas consignas. Los choferes de los coches de alquiler desaparecieron. La circulación de automóviles cesó. En la Cámara de Diputados, en medio de un silencio imponente, el diputado Villada y Cardoso dio lectura al documento que Porfirio Díaz acababa de enviar: «Respetando, como siempre he respetado, la voluntad del pueblo, y de conformidad con el artículo 82 de la Constitución Federal, vengo ante la Suprema Representación de la Nación a dimitir sin reservas al encargo de Presidente de la República…».

Las comisiones de Puntos Constitucionales y Gobernación admitieron la renuncia. Se pidió una manifestación de simpatía hacia el viejo general: «¡Viva Díaz!», gritaron los diputados. De acuerdo con *El Imparcial*, lagrimas silenciosas corrían en las mejillas de los legisladores afectos al régimen. «*Consumatum est*!», cabeceó al día siguiente el *Diario del Hogar*.

La ciudad, que un día antes había pagado su tributo de sangre, se entregó a la fiesta. «Todo es grande, dulce, armonioso, el júbilo se desborda en cada pecho, todos se creen con derecho a hablar con el primero que pasa para decirle: '¡Qué gran día es hoy, 25 de mayo de 1911!'», escribió un reportero. «En veinte años no hubo entusiasmo más grande, más puro, más espontáneo […] todos corrían por las calles, poseídos de una alegría indescriptible».

Según las notas de prensa disponibles, aquello fue como el día del triunfo de la Independencia, como el día del triunfo contra los franceses. Era el día «en que por tercera vez nació México». El presidente interino, Francisco León de la Barra, fue aclamado durante su arribo al Zócalo.

Llega la madrugada del día 26: con el mayor sigilo, varios autos se estacionan frente al número 8 de la calle de Cadena. Ocho baúles con archivos de Porfirio Díaz son montados en los vehículos. El general y su esposa, Carmen Romero Rubio, abordan un Mercedes negro. En la oscuridad, bajo la luz titubeante del alumbrado que él mismo inauguró, Díaz ve por última vez la silueta del Palacio Nacional.

Un tren especial lo aguarda en la estación del Ferrocarril Interoceánico. El expresidente trae la cara vendada, viste un traje claro. A pesar del dolor, de la inflamación, de sufrir los principios de una erisipela, parece conservar la entereza. «A las demás personas que iban con él se les veía tristes y hablaban pocas palabras», consigna el *Diario del Hogar*. En una escena que luego reproducirá el cine mexicano de la Época de Oro —«Se nos va, don Susanito, se nos va»—, don Porfirio se despide del reducido grupo de amigos y subordinados que lo acompaña y aborda el tren con aire estoico.

El reportero del *Diario* que atestigua la partida del dictador concluye su nota con esta frase: «Así se fue el expresidente mexicano que desde hace ya tiempo había perdido el cariño de sus gobernados».

Comenzaba el éxodo de los porfiristas connotados. Sobrevenían los años terribles, el millón de muertos que dicen que dejó la Revolución. Mientras tanto, los periódicos publicaron que Díaz acababa de abandonar la ciudad, y la gente regresó eufórica a la calle, dispuesta a presenciar, desde la primera fila, «el día más glorioso que ha tenido México».

«LA VIDA QUE HASTA EL DÍA ANTERIOR HABÍA ANIMADO AL BOULEVAR FAVORITO DE LA URBE ERA YA LA IMAGEN DE OTRO TIEMPO».

LA POESÍA YA NO ESTABA DE MODA

LA ENCARGADA DE MOLDEAR EL PAISAJE SONORO DE LA URBE ERA LA XEW

LA NOCHE DEL 5 DE ABRIL DE 1932, CÁRDENAS CRUZÓ LAS PUERTAS DEL SALÓN BACH

Inició la gira que lo consagró de modo definitivo

1 9 3 2

COMPOSITOR DE FECUNDA INSPIRACIÓN

DILE A TUS OJOS QUE NO ME MIREN, PORQUE AL MIRARME ME HACEN SUFRIR

LA RÁFAGA DE UNA BALA PARTIÓ EN DOS LA OSCURIDAD

LA MÚSICA QUEDABA A MERCED DE AGUSTÍN LARA

UNA FORMA DE HACER MÚSICA

Bocas de púrpura encendida

El 5 de abril de 1932, una bala cambió para siempre el destino de la música mexicana. Fue disparada en el mismo bar donde treinta años antes se encontraban cada noche los poetas modernistas del Porfiriato; tal vez cuando sobrevino la descarga seguían flotando por ahí las sombras clásicas de la bohemia y el dandismo, los pálidos espectros de José Juan Tablada, Amado Nervo, Ciro B. Ceballos, Bernardo Couto, Julio Ruelas, Rubén M. Campos. El bar aquel se llamaba Salón Bach.

Para 1932, casi todos los poetas que he mencionado habían muerto. La poesía ya no estaba de moda, o no lo estaba, al menos, de la misma forma. La encargada de moldear ahora el paisaje sonoro de la urbe era una estación de radio: la XEW. Se hallaban en boga canciones que hablaban de ojos tristes, rosales enfermos y bocas de púrpura encendida. Canciones que venían de la trova yucateca: una forma de hacer música que había nacido en el siglo XIX en los salones elegantes de Mérida y que se veía a sí misma como una prolongación del viejo arte de la poesía —no en vano eran poetas quienes escribían sus letras: Antonio Mediz Bolio y Ricardo López Méndez, entre otros.

La XEW llevó la trova a los núcleos urbanos. En la Ciudad de México causó furor. Los primeros intérpretes en alcanzar la fama fueron Ricardo Palmerín, Pepe Domínguez y —de manera señalada— el cantante, guitarrista y compositor Augusto Cárdenas Pinelo, un yucateco de veintiséis años mejor conocido como «Guty» Cárdenas.

Guty Cárdenas procedía de un tiempo en el que Mérida era la arcadia de los trasnochadores. Las serenatas «al pie de la reja florida» se sucedían en toda la ciudad. Cárdenas había estudiado una carrera comercial, pero pronto se reveló como «un guitarrista de estilo personal» y «compositor de fecunda inspiración».

En una parranda a la que asistieron el pintor Roberto Montenegro, el caricaturista Ernesto García Cabral y el compositor Ignacio Fernández Esperón, alias «Tata Nacho», Guty Cárdenas logró una invitación para probar suerte en México.

Debutó en una comida de aniversario del periódico *Excélsior*, la cual fue celebrada en el restaurante El Retiro, y logró que los periodistas se convirtieran en sus apologistas principales. En el concurso La Fiesta de la Canción derrotó a Tata Nacho y conquistó el primer premio con un bolero que hoy sigue hechizando: «Nunca».

En 1927 inició la gira que lo consagró de modo definitivo —culminó en la Casa Blanca, con el presidente Hoover aplaudiéndole a rabiar.

En esos años, Guty Cárdenas se adueñó del espectro radioeléctrico. «Ojos tristes», «Flor», «Para olvidarte a ti». El único capaz de competir con él era el músico poeta Agustín Lara.

La noche del 5 de abril de 1932, Cárdenas cruzó las puertas del Salón Bach —se hallaba en Madero 32, donde actualmente existe una librería Gandhi— y pidió un reservado para beber y cenar en compañía de algunos amigos. Una nota de prensa recuerda que el compositor se había vuelto célebre «por su carácter jovial y sus simpáticos desplantes». Al terminar de cenar pidió una guitarra y divirtió a los parroquianos con frases picantes y boleros melancólicos. Al poco tiempo llegaron al Bach los hermanos Ángel y José Peláez, y el cantante Jaime Carbonell, conocido como «el Mallorquino». Pidieron una botella de coñac e invitaron un trago a los presentes.

No hay una idea clara de lo que ocurrió después: el alcohol rehúye siempre las explicaciones. Los amigos notaron que Guty Cárdenas y José Peláez se habían enfrascado en un duelo de vencidas, del que emergieron «haciéndose de palabras». El reportero de nota roja Eduardo «el Güero» Téllez escribió que Cárdenas llevaba entre las ropas el revólver de utilería que acostumbraba lucir en sus presentaciones. Lo desenfundó para amagar a su oponente.

Peláez llevaba en la cintura una escuadra verdadera. La ráfaga de una bala partió en dos la oscuridad. Una vieja prostituta recordó que la última canción de Guty Cárdenas había sido «Dile a tus ojos».

Dile a tus ojos que no me miren,
porque al mirarme me hacen sufrir,
que no me miren, porque me hieren,
diles que tengan piedad de mí…

A las doce de la noche, el ministerio público levantó el acta correspondiente, que era en realidad el acta de defunción de un estilo —la música quedaba a merced de Agustín Lara—. Decía el documento:

Sobre el piso y cerca de un pequeño aparato para juego, se encontró el cadáver de un individuo de sexo masculino como de veinticinco años de edad […] con el cuello de la camisa y chaleco desabrochados. En el lugar fuimos informados por el cantinero Enrique del Valle que el cadáver pertenecía a Guty Cárdenas.

SALON

VENIDA MADERO No. 32   Restaurant y Cantina.

BACH
Unico en su estilo.   **Propietarios: FOJO HNOS**

La publicidad del mes de octubre de 1928 del restaurante y
cantina del Salón Bach que se encontraba en la planta baja del
Edificio Santacilia, ubicado en la calle de Madero número 32. Este
inmueble fue diseñado por Carlos Obregón Santacilia en 1925.

EL PEOR AÑO DE LA REVOLUCIÓN

DESALOJARON A LOS ROLLIZOS MERCEDARIOS DE SU VIEJO CONVENTO

PARTIDARIOS DE LOS COLORES CHILLANTES

Se había convertido en una ruina

1915

SOLÍA MERODEAR LAS AVENIDAS DE LA ALAMEDA

LUPE MARÍN, TINA MODOTTI, LOLA ÁLVAREZ BRAVO, ANTONIETA RIVAS MERCADO Y FRIDA KAHLO

LOS MEJORES AÑOS DE SU PRODUCCIÓN ARTÍSTICA

MURIÓ EN EL OLVIDO

CUARTUCHOS DEL EX CONVENTO DE LA MERCED

Gentes profanas en el convento

Yo no hablo de estas cosas con nadie porque la gente se burlaría de mí, pero le aseguro que aquí suceden cosas muy extrañas. Esos rumores de rezos y esas pisadas en las escaleras de gentes que no se ven me dan ciertos temores. Yo me sobrepongo, y muchas veces salgo a buscar esos fantasmas o esos espíritus o lo que sean, a ver qué quieren. Me figuro que han de ser almas en pena de algunos frailes enterrados aquí dentro…

Era 1915, el peor año de la Revolución. Gerardo Murillo, el Dr. Atl, había regresado a la Ciudad de México huyendo de los horrores de la contienda. Tras un breve periodo de indigencia, «dos semanas de prisionero y una escapada venturosa que me llevó sin rumbo por calles y plazas», Atl logró instalarse al fin en uno de los lóbregos y abandonados cuartuchos del exconvento de la Merced.

Mientras recorría por primera vez los pasillos del que iba a convertirse en su nuevo hogar, oyó decir al portero: «Por allí he oído los rezos de los frailes y he sentido el viento helado que dejan cuando pasan. Muchas noches los niños se sienten sofocados, como si tuvieran un peso encima… Una vez traté de cambiarme a otro cuarto de los corredores de arriba, pero había más espantos que aquí abajo».

Murillo se quedó a vivir ahí a pesar de las sombras. Y lo hizo durante varios años. Pintó un mural en las paredes. Más tarde resumiría de este modo lo ocurrido en el edificio desde que este quedó en poder del brazo de la Reforma:

Los soldados del Benemérito de las Américas [...] desalojaron a los rollizos mercedarios de su viejo convento, se convirtieron en los primeros profanos que pisotearon la santa morada, que ocupaba un área de casi cuarenta mil metros cuadrados y fue, durante centurias, un centro de intensa propaganda religiosa. Cuando el gobierno la incautó, las construcciones de la parte norte fueron demolidas para hacer un mercado público, y la mayor parte de las celdas se convirtieron en casas para habitación y locales para comercios, quedando en pie el gran patio, la escalera monumental, dos salones, un refectorio, la iglesia en ruinas y algunas celdas aisladas. Antiguamente, los tonos rosas y azules, verdes y grises, resaltaban sobre el fondo rojo oscuro de los corredores. Pero los soldados del Benemérito no fueron partidarios de los colores chillantes, y se dedicaron a limpiar los complicados labrados hasta dejar la cantera viva. Largos años ocuparon el edificio, y cuando lo abandonaron, el convento de la Merced, mutilado, despintado y deshabitado, se había convertido en una ruina.

El Dr. Atl intervino ante Venustiano Carranza para que el edificio fuera rescatado. Logró que se le hicieran tímidas mejoras. Atl estaba preparando el escenario de lo que sucedió en el convento años después.

En 1976 o 1977, Carmen Mondragón, conocida como «Nahui Olin», solía merodear las avenidas de la Alameda enfundada en deshilachados vestidos de colores brillantes: tenía el rostro blanqueado por plastas grotescas de maquillaje, acostumbraba dirigirse en francés a los gatos callejeros y abordaba con frases insinuantes a los jovencitos que hallaba a su paso. Sus ojos verdes «de mar embravecido» sobresaltaban a menudo a los paseantes. En la Alameda le llamaban «la Perra»; muchos la confundían con «el Fantasma del Correo», una prostituta decadente que recorrió los alrededores del viejo palacio postal, y de la cual José de la Colina ha hecho un retrato memorable.

Pocos sabían su verdadero nombre. Menos aún, que alguna vez había sido modelo de Diego Rivera: la rubia «de gigantes ojos de agua y expresión entre desolada y fúrica» que representa la Poesía Erótica en el célebre mural del Anfiteatro Bolívar.

Nahui Olin murió en el olvido a principios de 1978. Adriana Malvido la trajo de regreso en los años noventa: nos recordó a Carmen Mondragón como la modelo con quien Edward Weston logró una de sus mejores series de desnudos; como la pintora enigmática que, al lado de Lupe Marín, Tina Modotti, Lola Álvarez Bravo, Antonieta Rivas Mercado y Frida Kahlo, nutrió el extraordinario ambiente cultural del México posrevolucionario; como la muchacha de belleza hipnótica que despertó en Murillo la pasión que enmarcó los mejores años de su producción artística.

Cuando camino ante los muros del exconvento de la Merced pienso en Nahui Olin bañándose desnuda en los tinacos de la azotea y pienso también en la tarde de 1975 o 1976 en la que mi abuelo me la mostró, convertida en un desastre natural bajo los árboles de la Alameda: «Mira, es Nahui Olin. En mi tiempo fue la mujer más bella que hubo en México».

Su vida fue un desastre natural desde el principio. Hija del general porfirista que dirigió el golpe militar contra Francisco I. Madero y desató el horror de la Decena Trágica, Carmen Mondragón tenía veinte años cuando se prendó, durante un baile, del pintor Manuel Rodríguez Lozano —a cuya apostura se atribuiría más tarde el suicidio de Antonieta Rivas Mercado—. Se cuenta que al mirar por primera vez al entonces joven cadete, ella le pidió a su padre que se lo regalara.

Se casaron a los pocos meses y fue uno de los matrimonios más desgraciados de México. Él era homosexual: sobre ella cayó el falso baldón de la ninfomanía y también la falsa leyenda de que había asfixiado a su propio hijo. El qué dirán les hizo soportarse durante ocho años, hasta que en 1921 asistieron juntos a la fiesta en que el Dr. Atl vio a Nahui Olin por primera vez. Atl escribió:

> Entre el vaivén de la multitud que llenaba los salones se abrió ante mí un abismo verde como el mar, profundo como el mar: los ojos de una mujer. Yo caí en ese abismo instantáneamente.

Al día siguiente se encontraron en la Alameda, y Atl los invitó a su casa para que vieran sus «cosas de arte». Rodríguez Lozano no quiso ir, pero Carmen sí lo acompañó. ¿El encuentro tuvo la fuerza de los volcanes que a Murillo le gustaba pintar? Al poco tiempo Carmen Mondragón hizo sus maletas y se fue a vivir al convento.

Con un torrente de champaña, Leopoldo Lugones había bautizado a Murillo como Dr. Atl. Del mismo modo, Murillo bautizó a Carmen Mondragón como Nahui Olin —nombre nahua que significa «Cuatro movimiento»—, para que ambos pudieran amarse «como seres míticos».

Murillo narra que, ante la alarma de los vecinos, se bañaban desnudos en los tinacos de la azotea y luego se tendían al sol para contemplar los volcanes nevados, el cerco lejano de las montañas.

Cada uno por su lado admitió haber tocado en ese tiempo la cumbre de su vida. «Los gusanos no me darán fin. Y la madre tierra me parirá y naceré de nuevo, de nuevo para ya no morir», escribió Carmen. Es la época en que Antonio Garduño la retrató desnuda y provocó un escándalo descomunal al exhibir las imágenes, que fueron calificadas como perversas.

Una noche, mientras Atl dormía, ella se tendió desnuda sobre él y le puso una pistola en el pecho. Aunque los cinco tiros que Carmen disparó se incrustaron en el suelo, fue como si esos tiros hubieran asesinado algo: el único testimonio de que alguna vez la vida corrió a raudales entre los pesados muros del convento. «Las discusiones, los gritos y los insultos cargados de odio eran cada vez más frecuentes […] Algunos amigos comenzaron a evitarlos ante el temor de verse involucrados en estos altercados», escribió Tomás Zurián.

Una tarde, Nahui Olin dejó una nota en el buró: «Te he puesto los cuernos con veinte enamorados de verdad». Hizo de nuevo su maleta y desapareció.

Había comenzado a recorrer, sin darse cuenta, el largo camino de la locura.

«MIRA, ES NAHUI OLIN. EN MI TIEMPO FUE LA MUJER MÁS BELLA QUE HUBO EN MÉXICO».

UN BOLERO ESPERA A QUE ALGUIEN CONTRATE SUS SERVICIOS

UN HORRENDO MONSTRUO MITOLÓGICO

LAS CORRIENTES PROVOCABAN REMOLINOS

La estación recibe a más de 350 mil personas cada día

2017

«NIÑO CON DEBILIDAD VISUAL CAE A LAS VÍAS EN PANTITLÁN»

EN PUESTOS DE METAL PINTADOS DE ROSA SE OFRECEN QUESADILLAS, TLACOYOS, GORDITAS

CAMIONES QUE VOMITAN GENTE QUE PROVIENE DE NEZA, DE CHALCO, DE CHIMALHUACÁN, DE LA PAZ

CUANDO LA MUCHEDUMBRE ENLOQUECE

UNA DE LAS PUERTAS DE ENTRADA DE LA CIUDAD: LA MÁS GRANDE Y LA MÁS CONFLICTIVA

Estación Pantitlán

Vienen de la oscuridad con chamarras y mochilas y gorras. Bajan de los camiones, después de un viaje de hasta sesenta minutos, pensativos, cabizbajos, concentrados. Se mueven hacia la entrada del metro con la vista clavada en el piso. Echan vaho por la boca. Pasan de las cinco de la mañana y es la hora de la prisa.

En los alrededores, las calles lucen aún solitarias y oscuras. No amanece todavía, pero en la estación Pantitlán, la ciudad ha despertado. Este es uno de los sitios en donde comienza el día.

Frente a los puestos de tacos de bistec con nopal, a los que alumbra un foco pelón, se agrupan los primeros clientes. Hay humo y vapor bajo los postes del alumbrado y todo está lleno de gritos. Alguien vocea desayunos de a diez: «¡No vienen sucios ni 'caducados'!». El desayuno consta de un plátano, un yogur y un delgadísimo sándwich de jamón.

Más allá se venden vasos de unicel repletos de café, el precio es de cinco pesos, y donas suaves de chocolate de a tres cincuenta.

En puestos de metal pintados de rosa se ofrecen quesadillas, tlacoyos, gorditas, «ricos tacos de carnitas» y «churros calientitos».

Abundan los puestos de gorras, mochilas, audífonos: los artículos más indispensables para el metronauta moderno.

Pantitlán es una de las puertas de entrada de la Ciudad de México: la más grande y la más conflictiva. Camiones que iluminan su interior con foquitos azules se detienen frente a la estación cada minuto y vomitan gente que proviene de Neza, de Chalco, de Chimalhuacán, de La Paz, de San Vicente

Chicoloapan. Pasajeros saltan del estribo un poco adormilados y caminan o trotan hacia la entrada que brilla con una escandalosa luz resplandeciente.

En la época prehispánica hubo en esta parte del lago de Texcoco un lugar en el que las corrientes provocaban remolinos. Muchas veces, las canoas eran tragadas por las aguas. Los mexicas colocaron ahí dos banderas que avisaban del peligro a los navegantes. «Pantitlán» significa «entre banderas».

Tantos años después, los remolinos se siguen agitando. La estación recibe a más de trescientas cincuenta mil personas cada día. Pantitlán se traga la canoa de sus vidas frente a los torniquetes de entrada. Los pasajeros son conducidos, prácticamente como reses, a través de un laberinto de puertas metálicas que pueden ser cerradas para evitar aglomeraciones en los andenes.

Todos los días, el remolino te traga. Cuando la «cola» en la taquilla te obliga a una espera de hasta cinco minutos. Cuando llegar a la escalera eléctrica, avanzando centímetro a centímetro, te roba otros quince. Cuando fallas tres o cuatro veces antes de poder abordar el vagón, y para conseguirlo tienes que abrirte paso con las manos, los codos, los hombros. Cuando el tren se detiene entre estaciones y quedas atrapado entre cientos de cuerpos que parecen formar un horrendo monstruo mitológico: una Coatlicue formada por centenares de brazos y de piernas, y de corazones sangrantes, porque se descompuso el aire acondicionado y toda suerte de olores inundan el vagón. Cuando te roban la cartera o te sacan el teléfono. Cuando la desesperación es tal, que todo termina a mentadas o a golpes.

Cuando la muchedumbre enloquece o la fatalidad viaja contigo. Cuando acabas en el cabezal de un diario.

«Arrolla y mata convoy del metro a un hombre en Pantitlán».

«Niño con debilidad visual cae a las vías en Pantitlán».

«Balacera en Pantitlán deja un muerto y cuatro heridos, entre ellos una niña de doce años».

«Diferencias entres despachadores terminaron con la vida de uno de ellos».

«Suman tres muertos por atropellamiento en Pantitlán».

Son las 5:50. Afuera de la estación pasa un hombre con un diablito donde lleva los periódicos del día. Un bolero espera a que alguien contrate sus servicios. Se oye una cantaleta: «¡Le venimos ofreciendo el artículo de temporada, el artículo de moda. Diez pesos le vale, diez pesos le cuesta!».

Alguien más abre la cajuela de su combi y comienza a vender pasteles. Una pareja se despide junto a un charco de agua sucia y en un radio cercano se escuchan las notas del himno.

Ha pasado la primera hora de la ciudad.

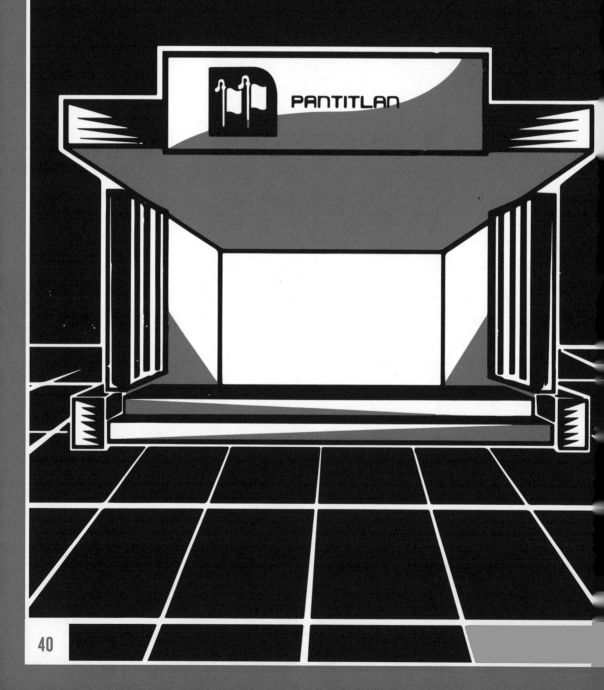

«¡LE VENIMOS OFRECIENDO EL ARTÍCULO DE TEMPORADA, EL ARTÍCULO DE MODA. DIEZ PESOS LE VALE, DIEZ PESOS LE CUESTA!».

TUVE EL IMPULSO DE PASAR AQUELLA PRUEBA DE FUEGO

EN ESA MISMA CALLE NOS HABÍA DEJADO MI PADRE

LOS CRISTALES DEL SEGUNDO PISO ESTÁN QUEBRADOS

Amado Nervo 48

1970

LA CEREMONIA DE DESPEDIDA

UN CASERÓN PORFIRIANO

LAS POCAS CASAS QUE QUEDAN EN ESE TRAMO DE LA CALLE ESTÁN VACÍAS, CERRADAS, PINTARRAJEADAS

EL MUNDIAL DE FUTBOL

LAS CIUDADES CAMBIAN DE PIEL

«Gotas de lluvia sobre mi cabeza»

Regresar a los lugares en los que uno ha vivido suele ser una de las formas más exactas y descarnadas de medir el paso del tiempo. José Juan Tablada lo hizo alguna vez y sufrió la experiencia aterradora de sentir que nada lo reconocía en un espacio que alguna vez había sido suyo —el estanque, el sauz, el jardín japonés de la casa de Coyoacán donde entró en comunicación con las plantas y las flores, y sintió por primera vez el extraño «orgullo de propietario».

Llovía a cántaros en la ciudad y tuve el impulso de pasar aquella prueba de fuego. Tomé un taxi que me llevó al pasado. «A la calle Amado Nervo», solicité al chofer. En realidad, le estaba diciendo: «Tome el Circuito Interior y váyase todo derecho hasta 1970».

Viajar al pasado me costó menos de cincuenta pesos.

No había vuelto a esa parte de la ciudad desde la noche de nostalgia en que una manada de perros callejeros nos ahuyentaron, a mi madre, a mi hermana y a mí, de la calle en la que nací y en la que mi familia vivió a lo largo de medio siglo.

Habíamos ido a ver «cómo está la casa». Dos perros salvajes salieron de pronto de la ruinosa construcción contigua —la casa donde vivió la escritora Laura Esquivel, tomada hoy por «paracaidistas»— y los tres tuvimos que batirnos bravamente hasta alcanzar la esquina. Esos perros nos echaron del lugar en el que yo había aprendido las cosas esenciales de la vida.

En esa misma calle nos había dejado mi padre una tarde de 1970. En la radio del auto sonaba «Gotas de lluvia sobre mi cabeza», la canción de B. J.

Thomas, y mi padre y mi madre se daban un beso largo y triste, la ceremonia de despedida. El divorcio nos depositó en un caserón porfiriano, propiedad de mis abuelos, que era como todos los de aquel rumbo: una fachada de cantera con mascarones desmoronados por el tiempo; un patio silencioso repleto de macetas con helechos, habitaciones altas con cielorraso manchado de humedad; un desván misterioso, poblado de libros y objetos antiguos.

Las ciudades cambian de piel. Algunas veces lo hacen velozmente. Otras, arrastrando consigo edificios que se vuelven costras, células muertas, barcos antiguos varados en el tiempo. Llegamos a aquella casa cuando estaba por comenzar el Mundial de Futbol de 1970. En la Selección estaban Nacho Calderón, «el Halcón» Peña, Héctor Pulido, «el Cabo» Valdivia, Juan Ignacio Basaguren, Aarón Padilla, Horacio López Salgado y Enrique Borja. Los niños de la cuadra salíamos «a chutar». Así se le decía entonces. En la calle había una papelería, una farmacia, una miscelánea, una tlapalería: el mundo antes del Oxxo.

En los caserones misteriosos de los alrededores habitaban «señoritas» porfirianas de chal negro y chongo blanco. En su ir y venir, los alumnos de la cercana Escuela Nacional de Maestros comunicaban un empuje extraordinario que electrificaba el barrio. Más allá de la palmera que crecía en la glorieta de Lauro Aguirre, vivía el dramaturgo Julio Castillo.

Llueve a cántaros en la ciudad. Atravieso Amado Nervo. Las casas de las «señoritas» ya no existen. El sindicato de aviadores compró la mayor parte de ellas y construyó un galerón que hace las veces de salón de fiestas. Las pocas casas que quedan en ese tramo de la calle están vacías, cerradas pintarrajeadas. El Amado Nervo de mis recuerdos es una calle necrosada. La vieja papelería se convirtió en un 7-Eleven.

Desapareció también la farmacia. Se fueron la miscelánea y la tlapalería.

Frente a la que fue mi casa encuentro a un «viene-viene» que ha instalado en la banqueta un sillón, unas macetas, una sombrilla.

Paso por la calle en la que viví más de un cuarto de siglo y pienso en Tablada. No lo dije antes, pero Tablada volvió a su coche llorando, porque había comprendido que algunas veces las cosas pierden su alma. Pienso también en lo que José Emilio Pacheco contó una tarde en el restaurante Xel-há: que al buscar la casa donde nació, solo encontró un muro en el que se conservaban los restos del tapiz que alguna vez recubrió las paredes de la sala.

Me detengo en el número 48 —es desde niño mi número cabalístico—. En la que fue mi casa no vive nadie. Los cristales del segundo piso están quebrados. Toco con las palmas abiertas la fachada de cantera. Pienso que tras esos muros aprendí a escribir, que ahí dentro aprendí a leer. Hago una larga lista de primeras cosas. Si somos las ciudades que perdemos, no sé entonces lo que soy. No reconozco esta calle y ella también me desconoce.

En donde vivió una niña que me gustaba hay un portón de madera apolillada. Me inclino a mirar desde una rendija. Encuentro abandono, humedad y polvo. Y entonces, como si un disco estuviera girando en otra dimensión, vuelvo a escuchar «Gotas de lluvia sobre mi cabeza».

AVENIDA CUAUHTÉMOC Y DOCTOR LICEAGA

LA VIEJA MALETA DESTARTALADA, Y LLENA DE ILUSIONES MUERTAS

RESTOS DE VIDAS Y HOGARES

Las perturbadoras muñecas de porcelana

2 0 1 3

LA POSTAL QUE ALGUIEN ENVIÓ DESDE LA QUEBRADA

LA GORRA DE UN AVIADOR DE TIEMPOS DE LA SEGUNDA GUERRA

EL JARDÍN IGNACIO CHÁVEZ

LA INVENCIÓN DE LA NOSTALGIA

UN BOLETO PARA UNA CORRIDA DE TOROS EN LA PLAZA MÉXICO

Traficantes de fantasmas

El tianguis de chácharas de la colonia Roma, que se instala cada sábado en uno de los jardines más tristes de la ciudad —Doctor Ignacio Chávez, en avenida Cuauhtémoc y doctor Liceaga—, es uno de los sitios más inquietantes que uno puede hallar en la metrópoli.

Caminar entre los puestos o las mantas de color rojo que los vendedores tienden en el piso es como recorrer una playa en la que acabara de suceder un naufragio. Todo está poblado con restos de vidas y hogares deshechos por el tiempo: el reloj que alguien usó alguna vez en el bolsillo del chaleco o se abrochó en la muñeca; la lámpara que iluminó alguna sala a la hora de la merienda; las llaves con que algún ciudadano abría noche a noche las puertas de su casa; la cámara que registró los instantes climáticos —nacimientos, bodas, vacaciones, fiestas— de una familia de la que tal vez no queda ni siquiera el polvo.

La vieja maleta destartalada, y llena de ilusiones muertas, con la que alguien abordó hace mucho un tren, un avión, un barco —que hoy son solo un montón de chatarra—. El aparato de radio que transmitió noticias y radionovelas célebres, y en el que, dada su antigüedad, alguien debió oír la declaración de guerra de Ávila Camacho a las potencias del Eje.

La postal que alguien envió desde La Quebrada, una tarde de 1955. Las perturbadoras muñecas de porcelana, con ojos terroríficos de vidrio, que las niñas del Porfiriato llevaban en brazos. El espejo con marco de plata sucia en que se reflejaron quién sabe cuántos rostros —y que hoy reflejan nada, un trozo de cielo y un pedazo de banqueta que pertenecen a otro mundo.

En donde hoy está el jardín Ignacio Chávez se alzó alguna vez la Secretaría de Comercio y Fomento Industrial que el terremoto de 1985 convirtió en un cerro de vidrios y cascotes de aluminio. Tantos años después, el jardín sigue fiel a su vocación de escombros. Desde las ocho de la mañana, los vendedores bajan de sus camionetas cajas repletas de objetos arrancados a la vida cotidiana. Cosas que desde la invención de la nostalgia dejaron de ser vistas como trastos y se convirtieron en tesoros modernos: fragmentos del pasado en un mundo en el que por regla general no existe el futuro.

Pensar en las historias que guardan los objetos pone la carne de gallina. Observo el retrato de una niña de vestido blanco y ojos inmensos, a quien fotografiaron en 1901. Miro la gorra de un aviador de tiempos de la Segunda Guerra, un sombrero femenino de colores desvaídos, un cenicero elegante, cinco tenedores de plata totalmente ennegrecidos por el tiempo, un letrero de la Asociación Mexicana Automovilística —¿a quién puede importarle comprar esto?—, un boleto para una corrida de toros en la Plaza México que ocurrió en 1946, seis billetes de lotería de 1979, un lote de historietas de *La pequeña Lulú*, un ejemplar de la revista *Alarma!* fechado en octubre de 1972, en cuyo titular se anuncia: «¡Víctima del alcohol, Rodolfo «el Chango» Casanova se halla recluido en el manicomio!» —no sé por qué lo compro—, y un correograma enviado el 28 de junio de 1943 al «Sr. Ingeniero Vilchis, calle de Cuernavaca 139», en el que se informa: «Nuestro socio José Villet, de San Luis Potosí, desea que se sirva ud. comunicarse con él para un asunto que le interesa, y a la mayor brevedad que le sea a ud. posible».

Paso una mañana de domingo mirando, tocando, preguntando. Entiendo de pronto que los vendedores de chácharas de la Roma son en realidad traficantes de fantasmas. Lo que venden son espectros de otras vidas, entidades que conservan —no es necesario que me lo crean— sensaciones que otros humanos tuvieron.

Quiero salir de ahí. Camino hacia Cuauhtémoc. Súbitamente me siento agotado. Veo un antiguo televisor de la marca Stromberg-Carlson. Veo un grifo de agua antiquísimo, y el motor de una licuadora, y un frasco de perfume vacío, y un proyector de transparencias, y un triciclo de metal de color verde, y una máquina de escribir «de mariposa», y un álbum de fotos familiares que acaso salió del armario de un abuelo muerto. Y me pregunto si podré dormir, y si aquellas cosas se irán alguna vez de mis ojos, y si volveré la semana entrante para ver si alguno de aquellos tesoros, alguno de aquellos fantasmas, vino a este tianguis para verme a mí y decirme algo.

Una fotografía del maltrecho edificio de la Secretaría de Comercio y Fomento Industrial (SECOFI), que resultó seriamente dañado con los sismos del 19 y 20 de septiembre de 1985. Hoy en su lugar está el parque Ignacio Chávez. La toma corresponde a la esquina de la avenida Cuauhtémoc y Dr. Lucio, frente a un restaurante Toks.

LA PRENSA MODERNA

LO MOLIERON A GOLPES, LE REVENTARON UN OJO CON UNA BAYONETA

SE INSTALÓ LA PRIMERA REDACCIÓN DE *EL UNIVERSAL*

Félix F. Palavicini acompañó como orador a Francisco I. Madero

1 9 1 6

MÉXICO NECESITABA UN GRAN PERIÓDICO NACIONAL

LOS REPORTEROS APORREABAN FURIOSAMENTE SUS MÁQUINAS DE ESCRIBIR

LOS MEJORES PERIODISTAS DE SU TIEMPO

ENTRE EL DETECTIVE Y EL ESCRITOR

LA ROTATIVA SEGUÍA ANDANDO PAULATINAMENTE

Aquella noche en Madero y Motolinía

El edificio todavía existe, solo que ahora es una tienda de ropa. Ahí estuvo en 1913, el restaurante Gambrinus, donde el 18 de febrero de aquel año Victoriano Huerta aprehendió a Gustavo Madero, luego de invitarlo a almorzar. El hermano del presidente de México salió del restaurante esposado. Se le condujo a la Ciudadela. Ahí, uno de los instigadores del golpe militar contra el gobierno de Francisco I. Madero, Cecilio Ocón, lo entregó a la soldadesca. A Gustavo lo molieron a golpes, le reventaron un ojo con una bayoneta y arrastraron su cadáver por la plaza hasta dejarlo totalmente desfigurado y sobre un charco inmundo de lodo.

En ese mismo sitio —esquina de Madero y Motolinía— se instaló en 1916 la primera redacción de *El Universal*. El fundador del diario, Félix F. Palavicini, había acompañado como orador, a lo largo de la campaña presidencial, al propio Francisco I. Madero. Había dirigido un periódico de oposición que se volvió un dolor de cabeza para el régimen de don Porfirio, *El Antirreleccionista*, y había dirigido dos diarios aliados al carrancismo, *El Debate* y *El Pueblo*, en los que se apostó por llevar al país —ensangrentado bestialmente por la lucha armada— a una era de instituciones.

En 1916, Palavicini comprendió que México necesitaba un gran periódico nacional que ocupara el puesto que había dejado vacante *El Imparcial*, esa leyenda del porfirismo que, a pesar de sus vicios de origen, el oficialismo, introdujo en México la prensa moderna. Palavicini buscaba un periódico que hiciera callar los cañones, «para que la obra de la Revolución tuviera la palabra».

El sábado 30 de septiembre de 1916, la esquina de Madero y Motolinía, en donde había estado el Gambrinus, zumbaba como un panal enfebrecido. Los publicistas entraban y salían del edificio; los empleados sudaban la gota gorda intentando armar la rotativa, mientras los reporteros aporreaban furiosamente sus máquinas de escribir. El director Palavicini hacía llamadas, revisaba planas, dictaba notas.

Los señores Cisneros y Fernández Mendoza —se lee en un relato de Rafael Solana— corregían originales y pasaban materiales a los linotipos. Un mocito de apellido Maldonado —¡el primer «hueso» que hubo en el periódico!— corría en busca de pruebas y llevaba los mensajes que se recibían desde los estados.

Palavicini se había rodeado de los mejores periodistas de su tiempo. Entre ellos, de uno que llegaría a convertirse en la máxima estrella de *El Universal* durante los años veinte, treinta y cuarenta del siglo XX: Fernando Ramírez de Aguilar, cuyo seudónimo fue «Jacobo Dalevuelta».

A la redacción del diario iban a sumarse también José Pérez Moreno, periodista llamado a inaugurar un nuevo estilo en el modo de escribir la nota roja, una figura a medio camino entre el detective y el escritor, y un paisano de Palavicini fogueado en los días de *El Demócrata*: el impresionante Regino Hernández Llergo, autor —entre un rosario de cosas deslumbrantes— de la entrevista que le costó la vida a Francisco Villa.

Muy pronto, las puertas de la redacción se abrirían para dejar pasar a una joven de diecisiete años que usaba faldas cortas y el cabello a la moda de «las pelonas» de entonces. Aquella chica era dueña de una curiosidad insaciable. La enloquecían las ofertas del siglo: el cine, los autos, el foxtrot, el futbol y las fuentes de sodas. Se llamaba Antonia, pero adoptó el seudónimo de «Cube Bonifant». Las páginas vivísimas que entregó al periódico representan la irrupción de la mujer —no solo eso, de una *flapper*— en la crónica mexicana. Sus columnas, «Confeti» y «Solo para mujeres», fueron un espacio de absoluta irreverencia en el periodismo solemne de esos días: cuestionaron el rol femenino, pero también la frivolidad y el vacío que rodeaba a las niñas *ice cream*.

Aquella noche, la primera del nuevo diario, los reporteros terminaron de escribir sus notas, cubrieron sus máquinas —un ritual que llegó hasta los años noventa del siglo pasado— y se pusieron el sombrero y el abrigo. Pero ninguno salió del edificio. Todos querían atestiguar, presenciar la llegada del primer número.

La primera plana, que informaba del restablecimiento en el país de los tribunales de justicia —a los que había suspendido el cañoneo de la Revolución— quedó formada a las dos y cuarto de la madrugada. Según Rafael Solana, un tal Pancho Pérez se apuró con la esterotipia y, veinte minutos después, la rotativa Goss —que pronto imprimiría los primeros ejemplares de la Constitución— fue puesta en marcha.

Dice Solana que la expectación fue indescriptible: «La rotativa seguía andando paulatinamente, pero el papel salía en blanco. Y no fue sino hasta después de sesenta o setenta ejemplares, cuando comenzaron a esbozarse las primeras letras».

Palavicini exclamó:

—Ahora sí. ¡Aquí está el primer ejemplar de *El Universal*!

Destaparon una botella de champaña para beber estrellas, ahí, donde apenas tres años antes Gustavo Madero había sido aprehendido y donde ahora nacía un diario que creía en el restablecimiento de la autoridad civil como recurso para frenar el horror de eso que fue la Revolución.

Todos los presentes firmaron el primer ejemplar. Me gustaría verlo, pero en el periódico nadie sabe dónde quedó.

UN ARTISTA QUE JAMÁS SE DOBLEGÓ

Ignacio Mariscal 132

HABÍA UN FÉRETRO GRIS

AFUERA, LA CIUDAD HERVÍA

¿Qué hacer con Orozco, «el Goya mexicano»?

1 9 4 9

LOS RESTOS DE OROZCO FUERON TRASLADADOS AL PANTEÓN CIVIL DE DOLORES

UN ARTE DESTINADO A LA ENTERA CIUDADANÍA

«OROZCO ES MATERIA CICLÓPEA DE LA ESTRUCTURA AMERICANA»

RIVERA BAJÓ LOS OJOS APESADUMBRADO

DIEGO RIVERA Y DAVID ALFARO SIQUEIROS ENTRARON EN LA CASA DE JOSÉ CLEMENTE OROZCO

Orozco va al sepulcro

Un fotógrafo de *Excélsior* detuvo para siempre el momento en que Diego Rivera y David Alfaro Siqueiros entraron en la casa de José Clemente Orozco. Acababa de morir el sacerdote mayor del muralismo mexicano. Fotógrafos, artistas, funcionarios, «todo mundo» se apelmazaba en Ignacio Mariscal 132. Siqueiros avanzó alzando la barbilla, con un gesto maravilloso que era al mismo tiempo resignado, doliente, retador. Rivera, en cambio, bajó los ojos apesadumbrado, sosteniendo el ala del sombrero con ambas manos.

En el primer piso había un féretro gris. Era la hora de las declaraciones ante las libretas de los reporteros: Diego ponderó la independencia feroz de un artista que «jamás se doblegó ni a las dificultades materiales ni a los ataques a su obra». Luego recordó —en una clara alusión al atentado que poco antes había sufrido su propio mural en el Hotel del Prado— cómo «la primera flor del genio de Orozco» había sido «semidestruida por bandoleros inconscientes y estúpidos, solapados bajo el amplio manto de Vasconcelos y escondidos tras la Iglesia, a la que ofendían con sus bajos manejos».

Siqueiros también traía ganas de pelear. Lo menos que dijo fue que Orozco era «el más portentoso ejemplo de lo que significaba un arte destinado a la entera ciudadanía y no solo a un sector minoritario de pseudo oligarcas»; lo menos que dijo fue que la obra de José Clemente Orozco solo sería apreciada cuando el mundo se decidiera a adoptar «las normas públicas que él tanto amó».

Afuera, la ciudad hervía. Desde el episcopado hasta Los Pinos se desataba una feroz campaña contra el comunismo. En sus columnas de *Excélsior*, Carlos

Denegri acusaba diariamente a Lombardo Toledano de querer resucitar la Internacional Comunista. Al expresidente Lázaro Cárdenas se le criticaba desde los diarios por haber enviado al Congreso Americano por la Paz un mensaje que revelaba «una actitud contraria a los intereses de México, una traición al régimen del licenciado Miguel Alemán y un intento de frustrar las medidas de elemental defensa común contra la amenazadora máquina guerrera de Rusia».

¿Qué hacer con Orozco, «el Goya Mexicano»? Nadie lo sabía. El Congreso se encerró a discutirlo. Cuando el presidente Alemán giró instrucciones para que el cuerpo fuera depositado en la Rotonda de los Hombres Ilustres, un diputado contestó horrorizado que, según las leyes vigentes, las inhumaciones en ese sitio solo podían hacerse «después de cinco años de que haya fallecido el candidato a ocupar un puesto en ella» y sugirió que «debía respetarse la voluntad del pintor y su familia para que le sepulte en su estado natal».

La diputación jalisciense se trasladó a Los Pinos para informar al presidente que en Guadalajara se había preparado ya una gran recepción a los restos del pintor y solicitar que un carro especial fuera puesto a disposición de los deudos. «Orozco —dijo uno de ellos— había expresado su deseo de que sus restos fueran sepultados en una cripta del Hospicio Cabañas».

La diputación ignoraba que, después de emitir sus declaraciones incendiarias ante los reporteros, Rivera y Siqueiros habían ido a Los Pinos a decirle al presidente que «la propiedad de los restos no era privativa de una entidad, ni siquiera de una nación, sino del mundo entero», por lo que el único lugar posible para José Clemente Orozco era la Rotonda.

Un diario anotó, a «título informativo», que «algunos diputados dijeron que no creían en la sinceridad de los dos pintores antes mencionados, y que su actitud obedecía al muy humano propósito de asegurar para el futuro un lugar como el que ahora se da a su desaparecido colega. Añadieron que como Diego ha anunciado que pronto habrá de morir, él es el más urgido de un sitio en la Rotonda».

La postura oficial fue que el Congreso quedaría encargado de dirimir el destino de los restos. Extraoficialmente se operó para que Orozco tuviera unos funerales nunca antes vistos.

El 8 de septiembre de 1949, antes de ser trasladados al Panteón Civil de Dolores, los restos de José Clemente Orozco permanecieron por unas horas en el vestíbulo del Palacio de Bellas Artes. Era la primera vez, desde la inauguración del edificio en 1934, que sucedía algo así. A ningún otro personaje se le había rendido culto en ese sitio.

Al llegar la tarde, el féretro gris fue conducido a Dolores. Diego Rivera y Pablo Neruda despidieron al artista. Rivera fue muy breve, las lágrimas interrumpieron su discurso: «En adelante vivirás en la conciencia de los mexicanos para guiarlos con tu vigor con buen camino».

Neruda cerró su discurso con esta frase: «Orozco es materia ciclópea de la estructura americana».

A las 18:30, la última paletada de tierra cayó silenciosamente sobre el sepulcro.

La entrada principal del Panteón Civil de Dolores, inaugurado en 1875, en una fotografía de los años setenta. Este cementerio se ubica en la avenida Constituyentes, junto al Bosque de Chapultepec, en la Delegación Miguel Hidalgo. En el interior se encuentra la famosa Rotonda de las Personas Ilustres, anteriormente llamada Rotonda de los Hombres Ilustres.

LA SILUETA BLANCA Y VAPOROSA DE MÉXICO-TENOCHTITLAN

LOS DOS GUARDIANES DEL VALLE

CON DIEZ HOMBRES A LA CUMBRE DEL POPOCATÉPETL

«¡Oh, México, que tales montes te cercan y te coronan!»

1983

EL POPOCATÉPETL ECHÓ TANTA LUMBRE QUE SE TENÍA POR CIERTO QUE ERA «ALGUNA BOCA DEL INFIERNO»

EL REGISTRO VISUAL DE LA NATURALEZA MEXICANA

EN LO ALTO DEL VOLCÁN SE ESCUCHABA «UN RUMOR GRANDÍSIMO»

PIEDRA DE AZUFRE

EL CAPITÁN DETUVO EL PASO EN MEDIO DE UNA SIERRA NEVADA

La vuelta de los volcanes

L a primera descripción occidental del Popocatépetl y el Iztaccíhuatl viene de la pluma de Hernán Cortés. El capitán extremeño y su «santa compañía», una fuerza de más de trescientos hombres, habían dejado atrás la Villa Rica de la Vera Cruz y avanzaban tierra adentro en busca de México-Tenochtitlan. Los embajadores que Moctezuma envió para recibirlos hicieron lo posible por alejarlos de su destino: los internaban, en cambio, por rutas escabrosas. La orden era aburrirlos, subordinarlos a una deriva infinita de barrancas, riscos y cordilleras.

El fraile Diego Durán cuenta que en algunos tramos del camino los conquistadores prácticamente se arrastraron al borde de un abismo. Otra fuente asegura que en las partes altas del trayecto, varios indígenas traídos de las Antillas murieron de frío. En su libro indispensable sobre la conquista de México, Hugh Thomas asegura que, al salir de Cholula, cerca ya de su destino, los emisarios mexicanos les hablaron incluso a los conquistadores de las fieras que Moctezuma guardaba en su zoológico y que podrían despedazarlos si se las soltaran.

Nada logró persuadir a Hernán Cortés. Los españoles continuaron la marcha «ataviados de hierro» y «alzando en torbellino el polvo de los caminos», según reza una narración indígena.

Era noviembre de 1519 cuando el capitán detuvo el paso en medio de una sierra nevada.

En los siglos que siguieron, escritores e historiadores han procurado imaginar el panorama portentoso que aquel día se abrió a los pies del conquistador.

El lago azul, el cielo de una transparencia inusitada, la silueta blanca y vaporosa de México-Tenochtitlan, y a los lados, arriba de todo, con las copas teñidas de nieve, el Popocatépetl y el Iztaccíhuatl, los dos guardianes del valle.

En la segunda carta de relación que Cortés envió a Carlos V hay una descripción de las heladas deidades:

> A ocho leguas desta ciudad de Churultécatl están dos sierras muy altas y muy maravillosas […] y de la una que es la más alta sale muchas veces así de día como de noche tan grande bulto de humo como una gran casa, y sube encima de la sierra hasta las nubes tan derecho como un vira, que, según parece es tanta la fuerza con que sale que aunque arriba en la sierra anda siempre muy recio viento no lo puede torcer.

Cortés envió a Diego de Ordaz con diez hombres a la cumbre del Popocatépetl para que averiguara «el secreto» de aquel humo: «de dónde y cómo salía». La relación dirigida al rey refiere que los enviados «trabajaron lo que fue posible para subir y jamás pudieron, a causa de la mucha nieve que en la sierra hay y de muchos torbellinos que de la ceniza que de allí sale andan por la sierra y también porque no pudieron sufrir la gran frialdad que arriba hacía».

Ordaz logró llegar, sin embargo, a las cercanías del cráter, en donde el humo misterioso emergía con tal ímpetu «que parecía que toda la sierra se caía abajo». El capitán Ordaz guardó en un saco varios puños de nieve y algunos carámbanos, que luego, en el lugar que a partir de entonces sería conocido como Paso de Cortés, mostró maravillado a sus compañeros.

La segunda carta de Cortés está firmada el 30 de octubre de 1520. Es la fecha en la que los volcanes llegaron por primera vez a una hoja de papel.

Fray Toribio de Benavente contempló aquellas cumbres nevadas cuatro años más tarde y exclamó: «¡Oh, México, que tales montes te cercan y te coronan! Ahora con razón volará tu fama».

En un manuscrito que estuvo perdido durante varios siglos —*Noticias históricas de la Nueva España*—, el cronista Juan Suárez de Peralta informa que a mediados del siglo XVI, el Popocatépetl echó tanta lumbre que se tenía por cierto que era «alguna boca del Infierno». «Dicen que han querido muchos subir a ver aquello, y no ha sido posible», escribió. Ignoraba que en 1524, tres soldados de Cortés —Montaño, Larios y Mesa— habían llegado al cráter para extraer piedra de azufre con la cual hacer la pólvora que necesitaban para el asalto final de Tenochtitlan. Suárez recordó, en cambio, una expedición que su tío, Antonio Sotelo de Betanzos, llevó a cabo con algunos frailes, y en la que todo acabó trágicamente.

El grupo se había prevenido con lo necesario para combatir «el frío y los demonios». Además de ropas abrigadas, llevaban reliquias, agua bendita, cruces y misales. A poco de haber iniciado el ascenso, hallaron una capa de ceniza tan profunda que tuvieron que abandonar los caballos y continuar a pie. Caminaron a lo largo de dos días, «con grandísimo trabajo», porque los pies se les hundían «hasta más allá de la pantorrilla, y con mucha pena la sacaban».

El frío era tan lacerante que don Antonio y sus frailes «no eran señores de las manos ni de sí». Quince personas murieron a consecuencia del clima, a pesar de que llevaban artificios para hacer lumbre y calentarse.

Los sobrevivientes relataron que en lo alto del volcán se escuchaba «un rumor grandísimo», «como cosa de herrería», «que parecía que el mundo se hundía de ruido».

En los tres siglos del periodo virreinal, el Popocatépetl registró al menos una docena de erupciones. Los habitantes de la Nueva España no hicieron casi nada por estudiarlas; en aquellos años, todo se solucionaba rezando el avemaría o el credo. Fue hasta fines del siglo XVIII —cuando el aire intelectual de la Ilustración comenzó a soplar en la ciudad barroca—, que el sabio José Antonio Alzate se interesó en fijar, por ejemplo, las condiciones geológicas y atmosféricas de los volcanes.

Tampoco los poetas novohispanos repararon mucho en la imponente maravilla que se extendía ante sus ojos. La escritora más importante de su tiempo, Sor Juana Inés de la Cruz, nació en un pueblo ubicado entre los dos volcanes —se dice que fue una flor de estos—, pero no les dedicó una línea. En trescientos años de literatura novohispana, el Popocatépetl y el Iztaccíhuatl ocupan solo unas cuantas líneas. Mateo Rosas de Oquendo dedicó unos versos al

Indiano volcán famoso
cuyas encumbradas sienes
sobre tablas de alabastro
coronan copos de nieve.

Se puede decir, sin embargo, que la existencia plena de los volcanes no se dio sino hasta el siglo XIX, cuando el barón Alexander von Humboldt inició la legendaria excursión con que se abrió el registro visual de la naturaleza mexicana. Humboldt, a quien le sorprendía que la gente de este continente pudiera dormir tranquila «en medio de crujientes volcanes», fue el primer amante moderno del Popocatépetl. A él se debe el primer cálculo científico de su altura.

Desde 1804, año en que el barón comenzó a escribir su *Ensayo político sobre el Reino de la Nueva España*, los volcanes fueron intensamente pintados, litografiados, fotografiados, descritos. De Johann Moritz Rugendas a Saturnino Herrán, de José María Velasco a Luis Nishizawa, del Dr. Atl a Jesús Helguera, de Hugo Brehme a Charles B. White, de José María Heredia a Santos Chocano y Malcolm Lowry, las cumbres prodigiosas se convirtieron en motivos recurrentes del arte.

Ahora ya no están. Casi nunca están y no vimos cuando se fueron. En unas décadas borramos del paisaje algo que había estado allí desde siempre. José Emilio Pacheco registró su desaparición en un poema de 1983, «Malpaís»:

Solo nos dimos cuenta de que existían las montañas
cuando el polvo del lago muerto,
los desechos fabriles, la ponzoña
de incesantes millones de vehículos
y la mierda arrojada a la intemperie
por muchos más millones de excluidos,
bajaron el telón irrespirable
y ya no hubo montañas.

Hoy, para los habitantes de la Ciudad de México, los volcanes parecen fantasmas del pasado.

Ocurre, sin embargo, que un golpe del viento los trae de pronto. «La cúpula helada» del Popocatépetl, la «caravana de nieve» del Iztaccíhuatl vuelven con la fuerza de las fotos, las pinturas, los poemas.

No recuerdo cuándo los vi por última vez. Pero sé que una mañana limpia volveré a contemplarlos y tendré el asombro de Cortés, el éxtasis de Humboldt. La Ciudad de México dejará de ser, por un instante, el «terreno pedregoso sin vida», «la capital de la muerte» a la que José Emilio le dedicó «Malpaís».

143.

POPOCATEPETL. ME

Una bella postal de los años treinta que destaca al apacible paisaje rural que rodea al majestuoso volcán Popocatépetl, localizado en los límites de los estados de Morelos, Puebla y México.

«LA MARIHUANA ES TAN INOCUA COMO UNA GOTA DE AGUA DESTILADA»

«A LOS ADICTOS DEBE TRATÁRSELES CON LA HUMANIDAD ACONSEJADA POR LA CIENCIA MÉDICA»

EL CONSEJO DE SALUBRIDAD APROBÓ UN REGLAMENTO DE TOXICOMANÍA

El sistema funcionaba

1 9 3 8

INYECTAR ADICTOS AL PENAL DE LECUMBERRI

DOLORES ESTÉVEZ, MEJOR CONOCIDA COMO «LOLA LA CHATA»

«EL ALMA VERDE DE LOS SUEÑOS BLANCOS»

SOCIEDAD DE NEUROLOGÍA Y PSIQUIATRÍA

EL CONSUMO DE MARIHUANA VOLVIÓ A SER PERSEGUIDO

Cuando la droga se legalizó

E se año abrió con una frase del doctor Leopoldo Salazar Viniegra, escrita en un estudio de treinta y cuatro cuartillas que el 21 de octubre de 1938 fue presentado ante un grupo de académicos: «La marihuana es tan inocua como una gota de agua destilada». El doctor Salazar, del Departamento de Salubridad, llevaba años luchando porque los adictos a las drogas fueran tratados como enfermos y no como delincuentes. Contra la corriente en boga, que desde finales del siglo XIX consideraba que «el humo de la yerba genera en el mariguano ideas, en la forma más espantable de crueldad y depravación», el médico sostenía que la respuesta adecuada era recurrir a tratamientos distintos al carcelario sostuvo que a los adictos «debe tratárseles con la humanidad aconsejada por la ciencia médica, no solo proporcionándoles el tóxico que usan, sino dándoles facilidades para que lo adquieran sin caer en las garras de los traficantes».

Decidido a apoyar de manera empírica los resultados de su estudio, Salazar invitó a los eruditos que lo escuchaban aquella noche a que fumaran un carrujo de la hierba que, según *El Universal*, contenía «el alma verde de los sueños blancos». La nota publicada al día siguiente informa que «los señores académicos Cosío Villegas y Castro […] fumaron deliciosamente». Al terminar el experimento, el médico hizo que un pasante de Medicina fumara tres cigarrillos al hilo y luego lo sometió al examen de un conjunto de psicoanalistas. «Excepto algunos trastornos en las conjuntivas y resequedad en la boca, el estudioso no ha resentido nada», anotó *El Universal*.

La demostración provocó un intenso debate en la Sociedad de Neurología y Psiquiatría. Salazar argumentó ante un grupo de furiosos detractores que ninguno de los eruditos sometidos a la prueba se había levantado de su asiento con intenciones de matar a nadie. Había comenzado una discusión que ocupó grandes espacios en la prensa y llegó a su punto de ebullición al descubrirse que la principal traficante de drogas en la Ciudad de México, Dolores Estévez, mejor conocida como «Lola la Chata», operaba bajo el amparo de agentes de la Policía Judicial Federal, funcionarios de la Procuraduría, altos jerarcas del Departamento de Salubridad, e incluso el Jefe de la Policía de Narcóticos del Distrito Federal.

A resultas del escándalo, el consejo de Salubridad aprobó un reglamento de toxicomanía que, con el fin de «golpear de muerte al comercio inmoral» y «resolver este problema social con un sentido más humanitario», permitió a los médicos cirujanos prescribir toda clase de narcóticos.

«Como las consecuencias habituales de la persecución dan por resultado el encarecimiento de la droga, y que este comercio inmoral sea altamente lucrativo, el consejo resolvió autorizar a médicos con título registrado para que puedan prescribir narcóticos en dosis superiores a las determinadas por la farmacopea», señalaba el documento. El reglamento no exigía a los enfermos más que el compromiso de someterse a un tratamiento.

El historiador y bibliógrafo José Luis Martínez recordó décadas después el año en que la droga se legalizó: a los adictos les bastaba con decir su nombre y pagar la cuota establecida para recibir, por ejemplo, una inyección de morfina. «Todos los días había largas colas, y se contaba que a Agustín Lara y a ciertas señoronas, un médico iba todos los días a sus casas a darles sus dosis», escribió.

Martínez era entonces estudiante de Medicina. Formó parte del grupo encargado de ir a inyectar adictos al penal de Lecumberri. «Nos instalábamos en una celda con una simple mesa —recordó—. Nuestro encargo era el de reducir poco a poco la dosis, añadiendo agua a la solución [...] Para los drogadictos, aquello era una bendición. Solían inyectarse con instrumentos rudos, sin ninguna asepsia, y la droga les costaba mucho más cara [...] Me consta que el sistema funcionaba [...] esta reducción del costo implicaba una reducción de actos criminales».

La Segunda Guerra Mundial desató una escasez de enervantes, solicitados en los hospitales de los diversos frentes de combate. El 12 de junio de

1940 se resolvió dejar sin efecto el reglamento. El consumo de marihuana volvió a ser perseguido. El médico Salazar Viniegra insistió: «El peligro para la sociedad no es el vicioso, sino el traficante, que cuenta con autoridades inmorales que lo toleran y hasta lo convierten en cómplice».

Nadie lo escuchó. Al poco tiempo, incluso se le separó del cargo.

Ocho décadas más tarde, en calles llenas de sangre y ciudades tomadas por el narcotráfico, el debate volvió a cobrar plena vigencia: sin la anulación del reglamento, Rafael Caro Quintero y el Chapo Guzmán tal vez no habrían existido. ¿Cuántas muertes se habrían evitado?

«EL PELIGRO PARA LA SOCIEDAD NO ES EL VICIOSO, SINO EL TRAFICANTE, QUE CUENTA CON AUTORIDADES INMORALES QUE LO TOLERAN Y HASTA LO CONVIERTEN EN CÓMPLICE».

UN *DANDY*, UN ESCRITOR ARISTÓCRATA

«LA CIUDAD ES UNA TORTUGA QUE EXTIENDE HACIA LOS CUATRO PUNTOS CARDINALES SUS PATAS DISLOCADAS»

EL GOBIERNO DE LA CIUDAD INAUGURÓ EL METROBÚS

El sol pega de mi lado

2 0 0 5

POCOS HABLAN, NADIE CONVERSA

MONUMENTO AL CAMINERO

RASGUÑOS, EMPUJONES, TUMULTOS, MALAS CARAS

APARECE LA MODERNIDAD VUELTA CASCAJO

LA CIUDAD CAMBIA DE TONO

La novela del metrobús

En 1882, Manuel Gutiérrez Nájera abordó un tranvía de mulitas y advirtió que la Ciudad de México no comenzaba en el Zócalo ni terminaba en Paseo de la Reforma. «Yo doy a ustedes mi palabra de que la ciudad es mucho mayor —escribió—. Es una tortuga que extiende hacia los cuatro puntos cardinales sus patas dislocadas». En aquel producto de la civilización al que los porfirianos pomposamente llamaron «ómnibus», Gutiérrez Nájera atravesó «regiones vírgenes y mundos desconocidos»: rumbos extravagantes que movían a la zozobra y, a causa del olor, «ahuyentaban el hambre». Nájera era, desde luego, un *dandy*, un escritor aristócrata que había creído que Occidente empezaba en las puertas de La Sorpresa y terminaba cinco cuadras más tarde, en la esquina del Jockey Club.

El 19 de junio de 2005, en una ceremonia que se llevó a cabo en el cruce de Insurgentes y Paseo de la Reforma, el Gobierno de la ciudad inauguró un medio de locomoción conocido como el metrobús. Algunos de mis periodistas favoritos habían cronicado la aparición del tranvía eléctrico —Ángel de Campo—, la llegada del «pesero» —Salvador Novo— y la irrupción del metro —José Alvarado—. No pude resistir la tentación de subirme al metrobús.

A diferencia de la urbe najeriana, la ciudad de nuestro tiempo comienza en Indios Verdes y termina, una hora y media después, en la estación llamada Monumento al Caminero. En esa hora y media, la ciudad cambia de tono, de clima, de altura, hasta de color.

Yo doy a ustedes mi palabra de que las autoridades no supieron lo que iban a vivir las gentes —permítaseme referirme a la «pluralidad de personas» del mismo modo en que lo hizo Rubén Bonifaz Nuño en *El manto y la corona*: «que estoy quebrado en dos, que disimulo; / que no soy yo quien habla con las gentes, / que mis dientes se ríen por su cuenta / mientras estoy aquí detrás, llorando»— al abordar el metrobús en horas críticas. Rasguños, empujones, tumultos, malas caras, palabrotas, pisotones, patadas y pellizcos.

Los siete segundos que tardan las puertas en cerrarse no bastan nunca para que la multitud aborde o descienda. Me llevan en andas hasta un extremo del vagón y, dos estaciones más tarde, me descubro flotando en el extremo opuesto: ¿cómo hice para avanzar sin poner un pie en la tierra donde habrán de sepultarnos? Quisiera bajarme en La Raza a reflexionar. Afuera hay mercados sobre ruedas, puestos de fritangas, árboles marchitos, parques secos y moteles de paso: cosas que suelen invitar a la reflexión. Pero no puedo hacerlo. Hay veces que en la Ciudad de México no es posible ejecutar lo que uno quiere.

Desde la ventanilla miro el monumento que da nombre a la estación —dedicado precisamente a la Raza y hecho con retazos de otros monumentos— y entiendo que en el Norte Salvaje este adefesio es el único arte que la ciudad se permite: una pirámide «azteca» que nos solicita olvidar que «la raza» es en realidad producto del mestizaje.

En la estación Manuel González ocurren dos cosas, se desocupa frente a mí un asiento y aparece la modernidad vuelta cascajo: las ruinas de la Unidad Tlatelolco, que en 1964 fue «la utopía del México sin vecindades» —ciento dos edificios; 11 916 departamentos—. El metrobús se zangolotea frente al fantasma de Banobras —que en 1957 fue el anuncio primero de la ciudad vertical— y recorre otro sueño sepultado: el puente de Nonoalco por el que caminaba, en *La región más transparente*, la prostituta Gladys García.

El sol pega de mi lado. A un hombre le resulta sospechoso que esté tomando notas. Los pasajeros viajan pensativos, somnolientos. Hay policías auxiliares, jóvenes con la mochila al hombro, hombres trajeados con portafolio y algunos encorbatados sin este. Abundan hombres y mujeres de oficio indefinible, y adultos mayores que a veces rayan el *rigor mortis*. Pocos hablan, nadie conversa. Quisiera informarle a Gutiérrez Nájera que viajar en metrobús es una forma de hundir los ojos en horizontes lejanos.

Se sabe que el Centro está cerca cuando el «verde» de los camellones de Insurgentes norte se torna un conjunto de edificios viejos y construcciones sucias, tocadas por el *graffiti* y resentidas desde el ya lejano terremoto del 85.

La Zona Rosa es un desastre, la Glorieta de Insurgentes una vergüenza, la colonia Roma un mundo que tose entre las ruinas de los edificios porfirianos, los edificios de oficinas, las tiendas de electrodomésticos.

Insurgentes cambia después del Viaducto: hay una sucesión de bancos, bares, restaurantes, torres, centros comerciales, concesionarias de autos y edificios de cristal. Hay dinero, dinero, dinero, y arquitecturas de los primeros años del siglo XX, magníficamente rescatadas para el comercio. Lo *in* comienza, sin embargo, al cruzar el antiguo y entubado río de Churubusco: Gutiérrez Nájera se habría sentido feliz en esta sucesión de emporios en que transitan autos, bellas mujeres, bares y restaurantes de lujo. ¡Resulta que el país ha progresado desde que abordé el metrobús en Indios Verdes!

Ciudad Universitaria marcó, en los años cincuenta y sesenta, el fin de la urbe.

Tal vez por eso desde Villa Olímpica las cosas adquieren un aire, una estética de hacienda, y a veces de pueblo, de rancho. Veo por fin la magia del Ajusco, «coronado de nubarrones tempestuosos y envuelto en sombras violáceas», como quería Martín Luis Guzmán.

Miro el reloj. He atravesado la avenida más larga del planeta. A partir de hoy pondré en mi currículum: «Viajó en metrobús sesenta estaciones. Compite, cuando menos, con Humboldt».

LO COMÚN ERA SIEMPRE LO ILEGAL

UNA ZONA DE EXCEPCIÓN, DESCONECTADA DEL RESTO DE LA CIUDAD

LOS CATRINES DE 1930

Un sitio sin Estado

1 7 7 7

SAN FRANCISCO, LA CONCEPCIÓN Y SANTA ANA

REFUGIO CONOCIDO DEL HAMPA

UNIONES ILEGÍTIMAS

¿MEDIANTE QUÉ PROCESO AQUELLA ZONA SE HABÍA CONVERTIDO EN «BARRIO BRAVO»?

UNA NUEVA COLONIA

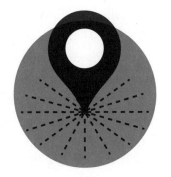

Breve historia de Tepito

Por una crónica de Fernando Ramírez de Aguilar, el fabuloso cronista de *El Universal*, se sabe que cuando los catrines de 1930 tenían necesidad de visitar el barrio de Tepito, cambiaban sus ropas por trajes viejos y pasados de moda, e incluso amarraban su dinero en paliacates que luego escondían en sitios inaccesibles de los calzoncillos, para que ladrones y carteristas no lo hallaran.

Ramírez de Aguilar había decidido mostrar a los lectores cómo era «el mundo de los grifos». En la década de los años treinta del siglo pasado, Tepito había fincado ya su leyenda negra de «mundo aparte», una zona de excepción, desconectada del resto de la ciudad, en donde lo común era siempre lo ilegal.

Tepito era el refugio conocido del hampa, un sitio sin Estado, al que la policía rara vez osaba entrar.

Ramírez relató cómo en aquel arrabal el «tueste y refine» de «Doña Juanita» se verificaba no solo en cuartuchos infectos, sino incluso al aire libre, en la vía pública y en cualquier esquina.

Unos años antes, en 1911, el cronista Adolfo Dollero se había internado en Tepito y había encontrado un barrio compuesto por casuchas de adobe a punto de desplomarse. En su recorrido por calles que hasta carecían de nombre, Dollero advirtió «caras de delincuentes, mujeres que más bien parecen brujas y ancianos de aspecto siniestro y enfermizo por la crápula». Más que familias, razonó con el desprecio típico de aquellos años, los espectros que habitaban aquellas pocilgas eran «amasios, concubinas, meretrices de las últimas capas sociales, y frutos de uniones ilegítimas».

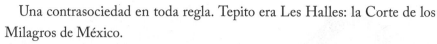

Una contrasociedad en toda regla. Tepito era Les Halles: la Corte de los Milagros de México.

¿Mediante qué proceso aquella zona de la ciudad se había convertido en «barrio bravo» y, a ojos de sus cronistas, en el peor de los mundos posibles? Un libro de Ernesto Aréchiga Córdoba, *Tepito: del antiguo barrio de indios al arrabal*, demuestra que no hubo proceso, que Tepito fue desde sus orígenes el peor de los mundos posibles. Nunca hubo mutación, solo continuidad.

Al formar Cortés la nueva Ciudad de México, se decidió que esa ciudad estaría habitada exclusivamente por españoles, la «gente de razón». Los indios fueron expulsados a los arrabales, en el perímetro externo de las acequias que rodeaban la metrópoli. Ahí se conformaron los primeros «cinturones de miseria» de la urbe.

Los barrios que conforman Tepito —San Francisco, la Concepción y Santa Ana— quedaron marginados de la ciudad moderna.

En 1777, después de recorrer con ojos radiantes las calles de la suntuosa ciudad barroca, el cronista Antonio de Ulloa caminó hacia el norte y se internó en barrios en donde las casuchas se sucedían sin orden, formando intrincados laberintos. Ahí, el paisaje corriente era de atraso, olvido y suciedad. Ulloa fue el primer cronista de Tepito.

Tepito, y el resto de la ciudad, escribió, «casi parecen dos ciudades diferentes en un mismo lecho, como esposos de distinta clase social que comparten solo a determinadas horas una misma inquietud».

Las parcialidades o «barrios de indios» que se formaron cuando los derrotados de la Conquista fueron expulsados de la traza urbana, existieron hasta 1857. Desde 1521 esos barrios habían permanecido olvidados por las autoridades, conformando los ambientes, mitad rurales, mitad urbanos, que luego lamentaron y explotaron las crónicas de Ignacio Manuel Altamirano.

Cuando las parcialidades fueron extinguidas, la Ciudad de México se aprestaba a iniciar su expansión hacia el poniente. Vendría la bellísima Santa María la Ribera, y las colonias Juárez y Roma.

Los recursos oficiales fueron destinados a dotarlas de servicios. Postes de luz, banquetas, parques. Según Aréchiga Córdoba, el abandono oficial hizo que los barrios de indios resolvieran sus necesidades más estrictas desde la marginalidad.

En el siglo XIX, la identidad de Tepito estaba ya asociada a un tianguis, nacido en la plazuela de San Francisco, que más tarde se derramó por las calles aledañas. En ese sitio se vendían zapatos de remiendo, ropa usada y fierros viejos, «muchos de los cuales provenían del hurto». Con ánimos de mejora, el gobierno permitió que en vez de «sombras» de tejamanil, los comerciantes levantaran barracones de madera desde los cuales expender sus productos. En 1897 un funcionario advirtió que aquellos barracones funcionaban de noche como dormitorios. «En aquellas barracas inmundas —reportó—, los comerciantes habitan, hacen sus necesidades y aún crían animales como los cerdos».

Cuando en 1885 inició la construcción de la Penitenciaría de Lecumberri —que sería inaugurada quince años más tarde—, el gobierno descubrió que harían falta avenidas que conectaran el nuevo recinto con las calles del Centro. El Ayuntamiento autorizó entonces al fraccionador Ignacio Hernández para que desarrollara una nueva colonia: la Morelos. Las calles fueron trazadas sobre las antiguas «Babeles de miseria» del viejo barrio. Los funcionarios del Ayuntamiento se abstuvieron de ordenar, sin embargo, la introducción de atarjeas, albañales, banquetas y empedrado.

Los habitantes de la nueva colonia tuvieron que hacer lo que habían hecho siempre: rascarse con sus propias uñas, continuar el modelo que les reafirmó que no eran, no habían sido, no serían otra cosa que un eterno barrio de indios: el tumor horrible que odiaba y era odiado por la ciudad.

Como sucede hoy.

Los alrededores del templo del Carmen, situado en la calle de República de Nicaragua, antes llamada Padre Lecuona, en una imagen de inicios de los años veinte. Al frente se aprecia un jardín que desapareció años más tarde para levantar la escuela Abraham Castellanos. Hoy este rumbo luce muy distinto con la instalación de puestos comerciales que abarrotan esta zona.

«¡SÁLVALOS, DIOS MÍO!»

CASCO DE SANTO TOMÁS DE 1971

«Pobres muchachos»

OCHO AÑOS DE EDAD

«¡Halcooones!»

1971

EN LA CALLE HABÍA ZAPATOS, MUCHOS ZAPATOS

INTENTABAN ESCALAR LAS REJAS CERRADAS DE LA ESCUELA NORMAL

RÓTULOS, LETREROS, ANUNCIOS

LOS DÍAS DEL PRI EN TODO SU ESPLENDOR

«EMISARIOS DEL PASADO»

Jueves de Corpus
sangriento

Mi inauguración ante las instituciones del país ocurrió el 10 de junio de 1971, un jueves de Corpus sangriento. Acababa de cumplir ocho años de edad. Vivíamos en la calle Amado Nervo, a unos metros de la Escuela Normal de Maestros. Cuando sonaron los primeros tiros, mi abuela metió a los niños bajo la cama y se hincó a rezar. La oí decir: «Pobres muchachos» y «¡Sálvalos, Dios mío!».

Estábamos solos en la casa. Mi hermana recuerda que antes de que todo comenzara escuchó un grito cuya mención me sigue poniendo la carne de gallina: «¡Halcoooones!». Ahora creo que se trata de una falsa memoria, porque aquel «¡Halcoooones!» no pudo sonar en Amado Nervo, sino más allá, en la México-Tacuba: el sitio donde quinientos hombres de cabello corto, armados con pistolas, fusiles y varejones *chang* saltaron de una hilera de camiones grises y se arrojaron sobre los estudiantes que aquella tarde marchaban en apoyo de una huelga iniciada en la Universidad Autónoma de Nuevo León.

Recuerdo el tronar de las armas de fuego, recuerdo que la calle se llenó de gritos, recuerdo que salí de mi escondite y corrí la cortina, y espié por la ventana: los estudiantes intentaban escalar las rejas cerradas de la Escuela Normal. Los halcones los golpeaban, les disparaban por la espalda. Vi caer varios cuerpos.

Mis tíos, estudiantes entonces, fueron llegando entre la balacera con caras por las que no corría una gota de color. Uno de ellos escondió a dos muchachos en un tinaco vacío de la azotea. Mi abuela enloqueció: «¡Vas a matarnos a todos!», y le ordenó echarlos. Él tuvo que despedirlos en la puerta y les pidió perdón. Recuerdo sus caras. No he olvidado nunca sus caras.

A la hora del crepúsculo, los tiros se fueron apagando y por fin cesaron. Regresé a la ventana: en la calle había zapatos, muchos zapatos, y hojas de papel regadas por doquier. Los granaderos hacían formación en las esquinas. Barredoras del GDF aseaban el pavimento. Mi madre fue la última en llegar. Creíamos que no volvería.

Eran los días del PRI en todo su esplendor. El regente Alfonso Martínez Domínguez declaró que «los halcones» no existían: «Son una leyenda», dijo. El procurador Julio Sánchez Vargas practicó una investigación que demostró que los manifestantes ¡se habían atacado ellos mismos! El jefe de la policía, Rogelio Flores Curiel, apoyó esa versión: se había tratado de una gresca entre estudiantes. La policía no había intervenido, «porque tenía instrucciones de mantenerse a la expectativa».

Cinco días más tarde, cientos de miles de priistas fueron acarreados al Zócalo para darle «calor popular» al presidente Echeverría. En un discurso vibrante, Echeverría acuñó el término «emisarios del pasado» para aludir a quienes desorientaban a la juventud y querían cancelar la esperanza nacional —que, por supuesto, encarnaban él y los suyos.

Un lustro más tarde, el exjefe de policía Flores Curiel tomó posesión como gobernador de Nayarit. Seis años después, el exprocurador Sánchez Vargas fue nombrado ministro de la Suprema Corte de Justicia de la Nación. A los ocho años del «Halconazo», el exregente Martínez Domínguez protestó como gobernador de Nuevo León.

El PRI vivía su esplendor, pero yo, durante mucho tiempo, no pude dormir. En cuanto cerraba los ojos, escuchaba aquellos gritos, volvía a ver aquellos cuerpos.

Termino con un cuento extraño: treinta años después del «Halconazo» de 1971, hice un reportaje sobre la matanza. El exlíder estudiantil Raúl Álvarez Garín había recopilado cientos de fotos sobre el Jueves de Corpus y acababa de ordenarlas cronológicamente. Nos las mostró una tarde, en sus oficinas de la colonia Roma, a David Aponte y a mí. Yo acababa de cumplir treinta y ocho años. Frente a mis ojos desfilaron las calles de mi infancia: la cafetería El Cadete, la papelería Atenas, el café existencialista conocido como El Uno. Vi casas que ya no estaban. Modelos de autos que había olvidado. Rótulos, letreros, anuncios publicitarios.

La secuencia fotográfica que Álvarez Garín nos mostraba inició en el Casco de Santo Tomás, avanzó a lo largo de varias calles y llegó por fin a la calle Amado Nervo. Apareció mi casa y comencé a temblar. En las ventanas de arriba se veía un pequeño bulto: la cabeza de un niño que espiaba entre las cortinas.

En ese justo instante el reloj de mi vida acabó de dar una vuelta.

Supe que algo se estaba cumpliendo. Pero no sé lo que significa.

No sé lo que significa.

«EL PROCURADOR JULIO SÁNCHEZ VARGAS PRACTICÓ UNA INVESTIGACIÓN QUE DEMOSTRÓ QUE LOS MANIFESTANTES ¡SE HABÍAN ATACADO ELLOS MISMOS!».

CONQUISTÓ EL CUARTO PUESTO

ALTERNÓ CON TIN TAN

AHÍ SONARON LOS DISPAROS

«Orgullo nacional»

1 9 6 0

«PAPÁ LEPE» ASEGURÓ QUE HABÍA ACTUADO «COMO DEBE ACTUAR UN PADRE OFENDIDO»

OFERTAS DE LOS PRODUCTORES DEL CINE MEXICANO

LA CINEMATOGRAFÍA NACIONAL

AGUSTÍN DE ANDA

LA NUEVA SEÑORITA MÉXICO

La maldición de *Miss* México

A principios de 1953, Ana Bertha Lepe derrotó a veintinueve oponentes, la mayor parte de ellas esculturales, y recibió la corona que la convirtió en la nueva Señorita México. Al día siguiente, los diarios reprodujeron su imagen de Cenicienta con sexo: Ana Bertha en traje de baño; Ana Bertha enfundada en un vestido de noche, recibiendo la corona entre llorosa y contenta.

Aquella corona no siempre atraía la felicidad. Esto se demostró en 1929, cuando la primera Señorita México de la historia, María Teresa Landa, descargó una Smith & Wesson en el pecho de su marido y pasó los sesenta años siguientes mordida por la sombra y los remordimientos.

Nada anunciaba, sin embargo, que Ana Bertha pudiera rozar un destino semejante. Fue la primera mexicana que pasó a la fase final de *Miss* Universo y se le consideró «orgullo nacional» cuando conquistó el cuarto puesto del certamen —la ganadora: Christian Martel—. Llegaron de inmediato las inevitables ofertas de los productores del cine mexicano. En 1954 apareció en *Miradas que matan*, *El vizconde de Montecristo*, *Contigo a la distancia*, *La infame* y *La Perversa*. La dirigieron Gilberto Martínez Solares, Chano Urueta, Miguel Zacarías, Fernando Cortés, Zacarías Gómez Urquiza, Rogelio A. González y Julián Soler. Alternó con Tin Tan, Resortes, Tito Junco, José Elías Moreno, Luis Aldás, Ramón Gay y Joaquín Cordero. En 1960 se había convertido ya en un lugar común de la cinematografía nacional.

Fue el año en que la tragedia llegó a su vida.

Muchos años antes, después de fracasar en Hollywood y convertirse en pionero del cine sonoro mexicano —participó como actor en *Santa* y *Águilas frente al sol*, consideradas las dos primeras películas mexicanas «habladas»—, el charro Raúl de Anda decidió vender su única propiedad —un establo—, fundar una productora —Producciones Raúl de Anda— y financiar la filmación de una película que sería dirigida por el joven Alejandro Galindo —*Almas rebeldes*.

Galindo, quien también venía de fracasar en Hollywood, lo había convencido de que el momento del cine mexicano había llegado y en poco tiempo iba a repartir costales de dinero como si fueran dulces.

De Anda vendió el establo y produjo la película, que se rodó en 1937 y resultó un éxito de taquilla. Decidido a convertirse él mismo en director, actor y guionista, filmó en 1940 uno de los primeros taquillazos del cine mexicano: *El Charro Negro*.

De Anda se apoderó de las pantallas durante los treinta años siguientes y presidió la Asociación de Productores y Distribuidores de Películas Mexicanas. Lanzó a David Silva, a Luis Aguilar, a Víctor Parra y a Fernando Casanova. Descubrió a Yolanda Varela y a Carmelita González. Inició con sus hijos una dinastía de actores que explotó las llamadas «películas rancheras».

En 1958, el miembro más joven de la dinastía, Agustín de Anda, conoció a Ana Bertha Lepe. Como todo el mundo, se enamoró de ella. En 1960, los periódicos anunciaron que ambos afinaban los detalles de su próximo matrimonio.

El 29 de mayo de ese año, los periódicos anunciaron también el asesinato de Ramón Gay, ocurrido la noche anterior en una calle de la colonia Cuauhtémoc. Agustín de Anda leyó la noticia y se vistió de luto; esa misma noche terminaría asistiendo a su propio sepelio.

En compañía de su novia, visitó la agencia donde eran velados los restos del actor. No permaneció ahí mucho tiempo: Ana Bertha presentaba un «*show* hawaiano» en el cabaret La Fuente y necesitaba prepararse antes de salir al escenario.

Al llegar a La Fuente, la pareja encontró al padre de la actriz, Guillermo Lepe, quien conversaba con el gerente del lugar.

Ella se fue a su camerino para estar lista cuando la llamaran —recordó luego el padre de Ana Bertha—. Entonces, uno de mis amigos me dijo que Agustín quería hablar conmigo y acudí a su mesa. Empezó a hablar sobre el matrimonio, expresó la necesidad de aplazar la boda. Yo le expresé que si no tenía dinero, esperara, que no había prisa. Después llegó Ana Bertha y tuvimos que cambiar de tema. Como Agustín tenía mucho sueño, nos dirigimos al guardarropa. Ahí volvió a insistir en el asunto de la boda. En un momento dado, me gritó:

—Si no saca usted de trabajar a su hija del cabaret, olvídese de todo. Que cada quien haga su vida.

—Explícame qué es eso de que cada quien haga su vida —exigió Lepe.

Agustín respondió:

—Pues que cada quien haga su vida, porque, al fin y al cabo, su hija ya ha sido mi mujer.

Ana Bertha, según la versión de su padre, corrió avergonzada y se encerró en su camerino. «Traté de convencerlo de que se casara con mi hija para reparar el grave daño que le había causado, pero él me contestó que nadie iba a casarlo por la fuerza», continuó el padre de la actriz. «Desde este momento dejo en libertad a su hija para que haga su vida», le dijo Agustín antes de retirarse.

No quedó claro lo que ocurrió después. Las versiones de los testigos indican que, mientras Ana Bertha se quedaba llorando en el camerino, Lepe siguió a De Anda al estacionamiento contiguo. Ahí sonaron los disparos.

Varios curiosos, atraídos por las detonaciones, vieron a Lepe con un arma en la mano y a De Anda sangrando en el suelo. Una bala le había atravesado el cráneo. Otra, el epigastrio izquierdo. El actor murió poco después en un hospital. Tenía veintiséis años.

«Papá Lepe» —así lo bautizó la prensa— aseguró que había actuado «como debe actuar un padre ofendido». La declaración del productor Jorge de la Vega llevó las cosas por un rumbo distinto. Según De la Vega, el actor había dicho:

—Espero casarme pronto con su hija, porque ya no quiero que siga trabajando en este sitio. Ya tengo listo el departamento donde podemos vivir juntos. Voy a casarme con Ana Bertha, aunque usted no quiera.

Algunos testigos confirmaron esta versión. «Agustín se mostraba muy entusiasmado con su próxima boda. Quien no lo estaba era el padre de Ana Bertha: siempre se opuso y cometió el asesinato porque no estaba dispuesto a permitir que su hija lo abandonara, pues de lo contrario, habría perdido la mina de oro que por tantos años ha explotado».

Trascendió que Lepe recibía el diez por ciento de los ingresos de su hija y que «siempre la había tratado como una niña». Un reportero afirmó que había visitado la recámara de Ana Bertha y señaló que esta se hallaba repleta de muñecas «y animales de los llamados de peluche». Esta simple circunstancia hizo que Papá Lepe dejara de ser visto como un padre ofendido. Al cabo se le condenó a diez años.

La tragedia de Ana Bertha apenas comenzaba. Se dice que Raúl de Anda encabezó un boicot para que no volviera a ser contratada. Durante la década siguiente, la actriz obtuvo papeles en filmes de presupuesto ínfimo. Fernando Curiel la dirigió en *Santo contra el cerebro diabólico*, *Santo contra el rey del crimen*, *Santo en el hotel de la muerte*, *Los encapuchados del infierno* y *La venganza del resucitado*; Rogelio A. González la llevó a alternar con Piporro en *La nave de los monstruos*; Jaime Salvador la incluyó en *El terrible gigante de las nieves* y *La garra del leopardo*; un decadente Gilberto Martínez Solares la dirigió en *Los valientes no mueren* y *Alazán y Enamorado*.

En realidad, nada que recordar. Notas de prensa publicadas en los días de su fallecimiento —octubre de 2013— refieren que la actriz se precipitó en la pendiente incierta de la depresión: una *visible oscuridad* de la que no salió.

Papá Lepe dejó el penal de Lecumberri en 1963 y pereció en un accidente carretero poco después. Desde hace varios años se ofrece en una página de internet, en treinta y cinco mil pesos, el dictamen psicoclínico que se le practicó en prisión. Ana Bertha no se casó y, hasta donde sé, no volvió a mencionar el asunto.

«UNA BALA LE HABÍA ATRAVESADO EL CRÁNEO. OTRA, EL EPIGASTRIO IZQUIERDO».

NOVO EN LA PARTE ALTA DE CHAPULTEPEC

SE HECHIZA DE INMEDIATO

EN EL HIGH LIFE DE LA CALLE DE MADERO LE COMPRAN UNOS ZAPATOS CON SUELAS BLANCAS DE HULE

Aquel turista recién llegado de Torreón recorrerá las calles

1974

SE IRÁ DE PINTA CON SU COMPAÑERO Y AMIGO XAVIER VILLAURRUTIA

COMPLETA SU EDUCACIÓN PRIMERA EN LOS CAFÉS, LAS CANTINAS, LOS CUARTOS DE AZOTEA, LAS LIBRERÍAS Y LOS TEATROS

LA CIUDAD SE ENTREGA A LOS CAMBIOS

GASTA LAS SUELAS EN EL CINE SALÓN ROJO

UN TEXTO QUE HABRÍA DE CONVERTIRSE EN UN CLÁSICO DEL SIGLO XX

Salvador Novo
a la orilla del
tiempo y la ceniza

I. MIRADOR

Desde las Lomas de Chapultepec, Salvador Novo ve flotar la ciudad «volcada sobre el valle, tendida entre los siglos, viva y eterna». Abajo, a lo lejos, los semáforos parpadean sus colores alertas y las ventanas de los edificios encienden poco a poco sus luces. Comienza la tregua del silencio, mientras la primera plana de los diarios de la tarde dice «cosas tremendas». Es 1946. Desde allá arriba, Novo solo advierte, débilmente iluminadas, las siluetas de los palacios ingenuos del XIX, de los parques, las escuelas de la Revolución. Ahí está Salvador Novo, o ahí se fija él mismo al final del texto que habría de convertirse en un clásico del siglo XX: *Nueva grandeza mexicana*. Dicha crónica termina a las afueras de la ciudad, en los rumbos de Chapultepec, el mismo sitio en donde Francisco Cervantes de Salazar puso punto final, en 1554, a la primera crónica urbana que se conserva: el bosque donde tres imaginarios paseantes novohispanos se despiden una noche del siglo XVI, después de haber urdido, a través de su charla, la primera visión totalizadora, la primera imagen de conjunto de la ciudad recién fundada.

Novo mira la ciudad desde el sitio donde todo comenzó y, en un reflejo exacto, el valle le devuelve la ciudad de golpe: la ciudad adormecida bajo un halo luminoso.

Imagino a Novo en la parte alta de Chapultepec, mientras abajo «duerme, se perpetua, se gesta, sobrevive la grandeza de México».

II. LUCES DE NEÓN

«Sucede que a veces solo percibimos las calidades secretas o entrañables de una ciudad por el amor —necesariamente público— que alguno, que algunos le profesan», escribió Carlos Monsiváis poco después del funeral de Salvador Novo. Para Monsiváis, Novo era uno de esos autores que a la ciudad la vuelven *ella*: formaba parte de la estirpe de escritores que, al revelar «trasfondos o apariencias», al «añadirle logros o señalar disminuciones», al «ratificar o informar de sus zonas sacras» establecían el lazo personal del habitante con la urbe.

La ciudad «vive y sobrevive en sus amantes», escribió Monsiváis, inolvidablemente, pensando en Salvador Novo.

En 1917, Novo llega a la Ciudad de México para estudiar la preparatoria y se hechiza de inmediato con el aspecto de la metrópoli, en la que los edificios y construcciones porfirianas aún no han sido «profanados» por los rascacielos.

En el High Life de la calle de Madero le compran unos zapatos con suelas blancas de hule. Son los instrumentos con que aquel turista adolescente —tiene trece años—, recién llegado de Torreón, recorrerá las calles, entrará todas las tardes al cine Imperio, adquirirá la costumbre de abandonar las clases para irse de pinta con su compañero y amigo Xavier Villaurrutia:

> *No podemos abandonarnos,*
> *nos aburrimos mucho juntos,*
> *tenemos la misma edad,*
> *gustos semejantes,*
> *opiniones diversas por sistema...*

En esos años, la ciudad se entrega paulatinamente a los cambios que ha traído consigo la Revolución. Los viejos edificios comienzan a caer, la ciudad se divierte ahora en inglés, y Novo gasta las suelas en el cine Salón Rojo, se desternilla en los espejos deformadores que hay a un lado de la sala, sube al segundo piso a través de las novedosas escaleras eléctricas que se han convertido en toda una sensación y ahí aprende a bailar jazz. Completa su educación primera en los cafés, las cantinas, los cuartos de azotea, las librerías, los teatros y las tertulias literarias.

La ruidosa y destellante ciudad de los años veinte lo alucina. Se aficiona a conocerla «más íntima y menos literariamente», con resultados deplorables para su carrera de médico cirujano. Aunque le han asegurado que a la Ciudad de México nunca se podrá conocerla por completo, en unos cuantos años se convierte en el Humboldt de los arrabales y de las instituciones neurálgicas: desde el milenario bosque de Chapultepec hasta los recovecos que rodean el Teatro Politeama, pasando, diría él, por muchas otras regiones de las que le es preferible no acordarse. Pronto confesará que, aun cuando ignore el nombre de las calles, el solo ambiente habrá de bastarle para hacerle saber en qué colonia se encuentra. Años más tarde escribirá: «Pocos mortales habrá que amen a esta Ciudad de México tan desinteresada, tan puramente como yo».

Xavier Villaurrutia recordó de este modo aquellos años formativos:

> Vivíamos y leíamos furiosamente. Las noches se alargaban para nosotros a fin de darnos tiempo de morir y resucitar en ellas [...] El tedio nos acechaba. Pero sabíamos que el tedio se cura con la más perfecta droga: la curiosidad. A ella nos entregábamos en cuerpo y alma. Y como la curiosidad es la madre de todos los descubrimientos, de todas las aventuras y de todas las artes, descubríamos el mundo, caíamos en la aventura peligrosa e imprevista, y, además, escribíamos.

Confesará Novo años después: «En no pocas ocasiones la ciudad entera se me venía encima; era un padecimiento del espíritu, con sus síntesis, su clave, su secreto; y era preciso [...] encontrar la cifra de su carácter y su fisonomía». Hoy sabemos que, en 1923, Novo había localizado ya algunas de esas claves, cuando el ir y venir citadino y el comercio de las grandes tiendas dificultaban un tránsito que ya no era de carruajes y soberbios troncos de caballos, sino de automóviles que alcanzaban la tremenda velocidad de sesenta kilómetros por hora. Ese año, muy poco tiempo después de debutar en *México Moderno* y *El Universal Ilustrado* como un escritor de originalidad extraordinaria —«practica desde el principio un periodismo que ya entraña una ruptura con el pasado inmediato, un desafío a las modas de la época, un concepto contemporáneo y aún vigente de lo que es escribir para el periódico», afirma José Emilio Pacheco—, Novo da a conocer el fragmento de una misteriosa narración titulada «El joven». En las breves páginas que conforman ese texto, la ciudad moderna es inaugurada. México y su nuevo cronista se encuentran por vez primera.

Artemio de Valle Arizpe encabeza entonces una escuela en la que la crónica está fundada en la nostalgia de los conventos, en el chirriar de las cadenas que ilustran, sonoramente, nuestras antiguas leyendas. «El joven», en cambio, camina por las calles de 1923. Descubre que los helados ya no solo son de limón, chocolate, fresa o amantecado y se pregunta quién que no sepa pronunciar osará pedir un *marshmallow puff*. En «El joven», a la ciudad no hay que ir a buscarla en los archivos añosos. Está en la calle «como un libro abierto». «El joven» registra con avidez todo lo que encuentra en la calle y lo enumera metiendo a fondo el acelerador:

> *Man Spritch Deutsch*. «Florsheim». Empuje usted. Menú: sopa moscovita. *Shampoo*. «Ya llegó el Taíta del Arrabal», ejecute con los pies a los maestros. *Au Bon Marché*. Facultad de México, vías urinarias, extracciones sin dolor, se hace *trou-trou*, examine su vista gratis, diga *sonmed*, Mme. acaba de llegar, estamos tirando todo, hoy, la reina de los caribes, *The leading Hatters*, quien los prueba los recomienda, pronto aparecerá, ambos teléfonos, consígase la novia. Agencia de inhumaciones «Eveready». ¿Tiene usted callos? Tome Tanlac.

Novo hace desfilar en ese texto el amanecer de la publicidad, de la moda, de la sociedad de consumo y de las nuevas costumbres frenéticas de una ciudad que se inventa a sí misma a plena marcha. El personaje-Novo retrata —Carlos Monsiváis dirá que configura e inventa— a la capital con que nace propiamente el siglo XX: un clima social y moral en el que «las luces de neón son la nueva escritura, el nuevo código».

III. TODO EN ESTE DISCURSO ESTÁ CIFRADO

Seducido por la suma de los rascacielos, los barrios residenciales, los camiones, la luz eléctrica, el teléfono, el empleo público, el baño turco y el esmog, según la enumeración de Antonio Magaña Esquivel, Novo se erige en unos años en el cronista indiscutible de la urbe «y tiene una disposición total a pagarle a la civilización el tributo de estar enterado de sus últimos adelantos». En 1946 decide participar en el certamen «Ciudad de México». La convocatoria exige a los trabajos concursantes una extensión máxima de ochenta cuartillas. Novo tiene tanto que decir que las escribe a renglón seguido y sin margen. Obtiene de manera unánime el primer lugar, y obtiene también, a través de una crónica deslumbrante, vibrante, prodigiosa, el registro de una metrópoli que vive, sin saberlo, su última utopía.

Pocos años antes había escrito en su diario: «Podría escribir. Debería hacerlo, en opinión de las buenas personas que se duelen de que 'no haga algo en serio'. Dispongo de todos los ingredientes: árboles, recuerdos, dominio del idioma, talento». En *Nueva grandeza mexicana* echa mano de todo esto, escribe Carlos Monsiváis, «animado por un deseo de precisarle rasgos y elogios a la urbe maravillosa».

Novo funde en *Nueva grandeza mexicana* los hallazgos de dos grandes clásicos del género. Le arrebata a la crónica escrita en 1554 por Francisco Cervantes de Salazar el recurso del paseo como pretexto para describir la urbe e imita la estructura del poema que en 1604 Bernardo de Balbuena le dedicó a la Ciudad de México —titulado, precisamente, *Grandeza mexicana*—, en el que cada uno de estos versos sirve para titular cada uno de los capítulos:

> *De la famosa México el asiento,*
> *origen y grandeza de edificios,*
> *caballos, calles, tratos, cumplimientos,*
> *letras, virtudes, variedad de oficios,*
> *regalos, ocasiones de contento,*
> *primavera inmortal y sus indicios,*
> *gobierno ilustre, religión y Estado,*
> *todo en este discurso está cifrado.*

Novo capta de manera magistral la experiencia urbana: vemos desfilar la historia del automóvil y la historia del taxi; la oferta de lugares para «aver mantenencia», desde el Ambassadeurs hasta el Sanborns de los azulejos; la historia del cine con su catálogo de tesis y antítesis: los cines Mundial y Regis; los merenderos del avilacamachismo, desde La Blanca hasta El Vaso de Leche; la historia del teatro, con su catálogo de salas y carpas. Nos amanecemos de pronto con un recorrido jaibolero que va del Waikikí al Agua Azul, del Guadalajara de Noche al Leda. El paseo se completa con una visita a la universidad y las galerías de arte, con la compra de dulces en 5 de Mayo y el consumo de *ice cream* en San Juan de Letrán. Todo en ese discurso está cifrado: el turismo mañanero por Coyoacán, Azcapotzalco, San Ángel y Xochimilco; el vistazo a iglesias del pasado y a edificios que definirán el futuro.

«Habíamos visto una ciudad transformada, modernizada, en pleno crecimiento: tan febril en verdad como en el año de su atareada reconstrucción que el condolido padre Motolinía llama 'séptima plaga'», escribe Novo. El viaje concluye en lo alto del bosque de Chapultepec, mientras la ciudad flota en el halo de su gloria y Novo se fija panorámicamente la imagen moderna de México.

Cae la noche en Chapultepec y ahí mismo se consuma la visión epopéyica, el matrimonio definitivo entre el joven que en 1923 estrechó a la ciudad contra su corazón y la ciudad que el Novo de la madurez ejerció para hacer perceptibles sus calidades secretas o entrañables.

En los últimos meses de 1973, Novo se reconoció «seco como un viento derrotado». Escribió:

> *Heme aquí, ya al borde*
> *a la orilla del tiempo y la ceniza.*

Murió en el Hospital General a consecuencia de una deficiencia respiratoria, el 13 de enero de 1974. Sus funerales fueron tristemente impecables: burócratas, delegados, políticos, altos funcionarios que mostraban, desde la mirada de Monsiváis, «su falta de agitada consternación».

Carlos Chávez, Dolores del Río, María Félix, Carlos Pellicer, Jaime Torres Bodet, María Conesa, Francisco Monterde se hallaban entre los presentes.

Al final llegó Luis Echeverría, para «honrar» los restos con una guardia de tres minutos.

El cortejo partió en camiones del Departamento del Distrito Federal rumbo al Panteón Jardín. La ceremonia fue fría, distante. Antonio Castro Leal «disparó otro de sus famosos prólogos, inocuo, de diccionario enciclopédico abreviado», se burlaría Monsiváis. «No hay indicios de estar en el homenaje fúnebre de uno de los escritores más conocidos y prolíficos de este siglo mexicano», agregó. «Todo es parsimonioso, cansado, como extraído de algún libro que nadie consulta».

Una noche, de veinte años antes, al volver a su casa, Novo tuvo que detener varias veces su auto para llorar. Había noche y había luna, escribió en su diario, pero la noche y la luna no le pertenecían. Entre «el sagrado ministerio de la maternidad que es la literatura y el ejercicio de la prostitución que es el periodismo», había elegido la luz de los reflectores, la primera plana de los diarios, la cercanía con el poder.

Novo murió sintiendo que todo pudo ser de otra manera. Que había sido demasiado alto el costo de «su madurez negociada». La gente se burlaba en los últimos años de su afeminamiento, de su catálogo de bisoñés, de la colección de 365 gigantescos anillos que iba luciendo y cambiando cada día. En 1968 recibió andanadas de odio por haber celebrado que el Ejército entrara en la Universidad: en realidad, se trató de un chiste mal entendido: «Que el Ejército entre en la Universidad es la mejor noticia que he oído», dijo. Pero malentendido o no, aquel chiste era lo de menos. Novo se había convertido desde hacía mucho tiempo en «ideólogo del optimismo burgués» y pagó los premios, el reconocimiento, la zalamería oficial brindando un tibio apoyo al gobierno que había asesinado estudiantes en la Plaza de las Tres Culturas.

«La gente me conoce y sabe poemas míos de memoria. De manera que por eso ya puedo considerarme muerto, y sobrevivido», había dicho Novo. Todo se perdió en los años finales. Escribió José Emilio Pacheco:

> Solo hubo silencio en lo que respecta al poeta incomparable, al primer ensayista de su generación, al gran periodista; al desacralizador, explorador, democratizador que a través de los medios masivos llevó la cultura de élite a todo el que tuviera la buena voluntad de acercarse a ella.

Pacheco anunció, sin embargo, que las ráfagas de luz que emergían de la obra de Novo tarde o temprano serían revaloradas:

> Algún día será descubierto, se le dará su sitio entre nuestros grandes escritores. Por ahora, la noche ha caído sobre su tumba —pero en sus libros y en viejas colecciones de periódicos sigue ardiendo la llama sagrada con que, en su momento, Salvador Novo iluminó hasta la más humilde página que salió de sus manos.

La obra que el cronista había dejado en los diarios fue rescatada por el propio Pacheco y, más tarde, por Antonio Saborit y Sergio González Rodríguez. Se comprobó entonces que la llama sagrada continuaba intacta.

La profecía que José Emilio hizo en 1974 se cumplió y, al final, Novo regresó de la muerte «sobrevivido».

105

EL MOMENTO HISTÓRICO DE LA BICICLETA

LOS VIEJOS ANDABAN TODO EL TIEMPO CON EL JESÚS EN LA BOCA

Los ciclistas gozaban

PRESENTADA POR PRIMERA VEZ EN LA EXPOSICIÓN UNIVERSAL

La gente introdujo un verbo destinado a no durar

1 8 8 9

CREÍAN QUE LOS RAYOS X DEJABAN VER A LAS MUJERES DESNUDAS

TOMAR TRENES SIEMPRE DEMORADOS

«¡GRACIAS, DIOS MÍO, GRACIAS!».

ARRIESGÓ LA VIDA EN LOS BACHES

MI CABALLO Y MI ALBARDÓN

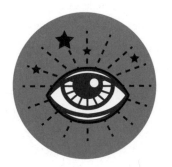

En bicicleta

En 1885 los paseantes porfirianos se conmovieron con la llegada del velocípedo, un extraño aparato de tres ruedas que rompió la calma de la Alameda, el paseo más antiguo y tradicional de la urbe. Según las crónicas de la época, el velocípedo arrumbó en la prehistoria al legendario ferrocarril de madera, que había sido hasta entonces el delirio de los niños del Porfiriato y que las nanas rentaban por quince minutos o media hora, «cometiendo a veces la gravísima imprudencia de subirse al vehículo durante el movimiento» —*El Universal*, 16 de marzo de 1896.

El cronista Ángel de Campo escribe que el velocípedo «era la última palabra del peligro, de la celeridad, del atrevimiento». Las damas y los lagartijos veían, con los cabellos de punta, a los muchachos que pedaleaban con furia, «hasta que les volaban las cintas de la gorra». Aquellos heraldos de la velocidad atravesaban las callecillas sembradas de árboles de la Alameda, pidiendo el paso a gritos, poniendo en fuga a los canes, haciendo que los viejos anduvieran todo el tiempo con el Jesús en la boca.

Unos años después, sin embargo, aquellos aparatos fueron arrinconados también en la prehistoria porque el progreso trajo a la Ciudad de México el momento histórico de la bicicleta. Los hombres de 1896 eran modernos: hacían gimnasia, usaban dentadura postiza, creían que los rayos X dejaban ver a las mujeres desnudas, practicaban el automovilismo y aplaudían a rabiar en el cinematógrafo. La bicicleta, escribió De Campo, fue el complemento «del hombre de hoy»: significó la llegada del relámpago.

Presentada por primera vez en la Exposición Universal de 1889, la bicicleta fue considerada por la prensa como «una pequeña hada metálica» que
multiplicaba «el poder de locomoción del hombre». «Libélula de metal», la
llamaron los reporteros que atestiguaron su aparición milagrosa.

Un objeto de esa naturaleza no podía manifestarse sin desatar una fiebre,
sin volverse una locura. El músico Salvador Morlet le dedicó una polka que
hoy es emblema del porfiriato: «Las bicicletas». Esa polka contiene la rapidez, la ligereza, el vértigo: un ritmo propio del pedaleo. La gente introdujo
un verbo destinado a no durar: el cicleo.

«Viejos y muchachos, hombres y mujeres, fuertes y débiles se proporcionan
una bicicleta para correr por esas calles de Dios, como si hubiese cundido una
epidemia de velocidad», se leía en 1896 en *El Universal*.

En la Ciudad de México, la primera crónica urbana fue producto de un
paseo a caballo. La escribió Francisco Cervantes de Salazar en 1554. En
1848, Manuel Payno cronicó la ciudad en diligencia. Cuarenta años después, Manuel Gutiérrez Nájera lo hizo en tranvía.

No faltó un loco que comprara una bicicleta —algunas costaban doscientos pesos, toda una fortuna— y llevara adelante el género pedaleando
por las calles mal pavimentadas, semiempedradas y llenas de hoyancos de
la Ciudad de México.

Ese loco se llamaba Ángel de Campo, le decían «Micrós» y era uno de los
cronistas más leídos y aplaudidos de su tiempo. Micrós salió una mañana a
«ciclear», le ladraron los perros, arriesgó la vida en los baches de las calles
de tierra apisonada —caminos aptos para la herradura, pero no «para seres
humanos, civilizados y con Ayuntamiento»—, terminó sudoroso y acalorado,
y sin embargo aquel día se libró de tomar trenes siempre demorados o con
peligro de descarrilamiento, evitó los tumbos de los coches de a peseta y «la
ordinariez de los aurigas» y recorrió todas las calles de la metrópoli sin que
nadie se atreviera a llamarlo «vago» —como lo hacían cuando lo veían recorrer
«México andando»—. Las recorrió, sobre todo, sin que nadie se acercara a pedirle prestado o a cobrar cuentas pasadas.

«¡Gracias, Dios mío, gracias!», escribió, porque viajando en bicicleta había
observado cosas nunca vistas. Una de ellas, la imbecilidad malévola de los
habitantes de la ciudad, que chiflaban a los ciclistas, les aventaban piedras

para provocar su caída, les azuzaban a los perros o bien hacían chasquear sus látigos en el lomo de los caballos, para rebasarlos o darles «cerrones».

Nada nuevo bajo el sol. Y sin embargo, De Campo escribía que por mal que les fuera, los ciclistas gozaban. Ese gozo fue el que Morlet reflejó en su polka:

> *De todas las modas que han llegado de París y Nueva York,*
> *hay una sin igual, que llama la atención.*
> *Son bicicletas que transitan de Plateros a Colón,*
> *y por ellas he olvidado mi caballo y mi albardón.*

Aquel placer fue por demás efímero. Una noche de 1895 corrió por primera vez por las calles de México el asesino de la bicicleta. El automóvil que trajo al país el *junior* porfiriano Fernando de Teresa.

Un solitario ciclista, elegantemente vestido, recorre la avenida Juárez a inicios del siglo XX. Al fondo se alcanza a ver la actividad comercial que generaba la tienda de alta costura «París México», en la planta baja de un inmueble ubicado en la esquina de San Francisco, hoy Madero y San Juan de Letrán, actual Eje Central.

LOS HITOS QUE NOMBRAN LOS LUGARES QUE HABITAMOS

ÁNGEL URRAZA O GABRIEL MANCERA

LOS MISTERIOS DE LA NOMENCLATURA

Calles que parecen dedicadas a todos, o acaso dedicadas a nadie

2 0 1 6

¿QUÉ HAZAÑAS PERPETRARON ESTOS PERSONAJES?

EN BUSCA DE LÓPEZ

LECCIONES DE HISTORIA Y CLASES DE CIVISMO

EL CARPINTERO DE LOS BERGANTINES DE CORTÉS

ARCOS DE BELÉN

El misterioso
señor López

Cuenta una leyenda que una tarde de 1920, Antonieta Rivas Merca-do se tumbó sobre un atlas geográfico e hizo una lista de montes y cordilleras a partir de la cual el empresario inmobiliario Albert Blair, su esposo, bautizó las calles de Las Lomas: Montes Urales, Monte Pélvux, Monte Everest.

Otra leyenda afirma que una tarde de 1906, el historiador y diplomático Ricardo García Granados nombró las calles de la colonia Juárez en memoria de las ciudades europeas que había conocido durante sus viajes: Hamburgo, Bruselas, Berlín, Génova, Liverpool, Londres.

Una tercera leyenda cuenta que en 1901, el principal accionista de la compañía que fraccionó la colonia Roma, Walter Orrin, dueño del circo más famoso del Porfiriato, nombró las calles de esa nueva urbanización en honor de las ciudades mexicanas en las que su circo, el Circo Orrin, se había presentado: Orizaba, Guanajuato, Zacatecas, Córdoba, Tonalá.

Hay algo encantador en el hecho de que estemos condenados a morar en las calles que vienen del capricho de un cirquero, de una niña rica, de un grave diplomático. Es célebre la foto en la que Pancho Villa impone, por sus pistolas, el nombre de Madero a la antigua calle de San Francisco. El problema es que, en lo general, ignoramos de dónde proceden los hitos que nombran los lugares que habitamos. Conozco vecinos de la colonia Del Valle que a la fecha ignoran quiénes fueron Ángel Urraza, Gabriel Mancera, Concepción Béistegui. ¿Qué hazañas perpetraron estos personajes? ¿Cómo se adoptó la decisión de celebrarlos imponiendo su nombre a las calles principales?

Los misterios de la nomenclatura suelen alumbrar la historia y los secretos de las ciudades. El 10 de junio de 1942, los nazis borraron de la faz de la tierra el pueblo de Lídice, en Checoslovaquia. El exterminio de sus habitantes fue tan brutal, que varios países decidieron perpetuar su memoria en sus propias ciudades. En tiempos de Ávila Camacho, el pueblo de San Jerónimo Aculco recibió el nombre que lleva en la actualidad: San Jerónimo Lídice.

Los misterios de las ciudades se ensombrecen, sin embargo, cuando uno tropieza con calles que parecen dedicadas a todos, o acaso dedicadas a nadie. Me tortura desde hace tiempo la identidad del misterioso señor López que nombra una calle que corre entre Avenida Juárez y Arcos de Belén. En sus diferentes tramos, esa calle huele a café, a tacos de carnitas, a cocina económica, a mercado y a «pollo en estado natural». Pero uno puede recorrerla entera sin que una placa se tome la molestia de indicar a cuál de todos los López se está celebrando: misterio tremendo en una ciudad que acostumbra impartir, en cada esquina, lecciones de historia y clases de civismo.

En busca de López encuentro una versión que sostiene que se trata de Pedro López, constructor en 1572 de la ermita que dio origen al cercano Hospital de San Juan de Dios. En busca de López encuentro otra versión que señala que se trata, más bien, de Felipe López, regidor de la ciudad en 1868, «que vivió y murió en una casa de dicha calle». En busca de López ubico la versión de Juan de Dios Peza, quien sospechaba que el tal López era el carpintero, Martín López, constructor de los trece bergantines con que Hernán Cortés sitió Tenochtitlan. En busca de López encuentro, en fin, la versión de algún historiador que afirma que la calle homenajeó a Antonio López de Santa Anna, hasta el día en que Su Alteza Serenísima cayó en desgracia y recibió el castigo de los innombrables: ser llamado, simplemente, López —esta improbable versión se apoya falsamente en un segundo misterio: la cercanía de López con el callejón de Dolores, supuestamente dedicado a Dolores Tosta, mujer de Santa Anna, quien habría corrido la misma suerte: ser recordada mediante el olvido.

Camino por López, el cuarto apellido más común, según el directorio de la Ciudad de México. Camino por López: presidentes, curas, poetas, actores, políticos, militares. Nunca es más cierto el dicho: la calle es de todos.

«ME TORTURA
DESDE HACE TIEMPO
LA IDENTIDAD
DEL MISTERIOSO
SEÑOR LÓPEZ QUE
NOMBRA UNA CALLE
QUE CORRE ENTRE
AVENIDA JUÁREZ Y
ARCOS DE BELÉN».

EL HOTEL DEL PRADO

SESENTA Y CINCO SUITES DE LUJO

AVENIDA JUÁREZ

Suntuoso mobiliario creado por Roberto Block y Cía.

1946

LOS ÁNIMOS SE INCENDIARON

«DIOS NO EXISTE»

«¡ADELANTE, POR LA RELIGIÓN!»

UNA POSTAL ARRUGADA

FUERON EMBLEMA DE UNA CIUDAD DESHECHA

Hotel del Prado

Cuando el gobierno de Miguel Alemán terminó la autopista México-Laredo, el empresario hotelero Luis Osio y Torres Rivas comprendió que la Ciudad de México había quedado conectada con Estados Unidos de un modo distinto; supo que el ferrocarril iba a perder el monopolio que explotaba desde el Porfiriato y que empezaba una nueva forma del turismo: el turismo automovilístico. De ese modo ideó la construcción de un hotel que ofreciera lo que no existía en ningún otro: un amplio estacionamiento.

Bajo esa noción elemental inició, en 1946, la construcción del Hotel del Prado, un moderno sistema de torres, terrazas y escalinatas que en poco tiempo aniquiló el prestigio del que hasta entonces había sido el habitante más ilustre de la Avenida Juárez: el Hotel Regis.

Si el Regis fue el hotel predilecto de una era, la Posrevolución —en 1929, una claque de generales tramó en ese sitio la fundación del PNR, antecedente del PRI—, el Hotel del Prado se convirtió en emblema del periodo que vino a continuación y tuvo como sueño la modernización de México.

La apertura del hotel fue anunciada por los diarios a tambor batiente el 1° de junio de 1948: seiscientos cuartos, sesenta y cinco *suites* de lujo, un salón comedor, el Versalles —iluminado con el mural de Diego Rivera: *Sueño de una tarde de domingo en la Alameda*—, un salón desayunador decorado con pinturas de Gabriel Fernández Ledesma, un bar para señoras escoltado por murales de Roberto Montenegro y un centro nocturno, el Nicte-Ha, destinado a convertirse en todo un clásico de la Avenida Juárez.

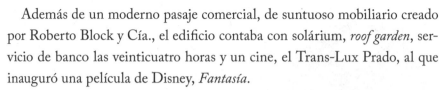
Además de un moderno pasaje comercial, de suntuoso mobiliario creado por Roberto Block y Cía., el edificio contaba con solárium, *roof garden*, servicio de banco las veinticuatro horas y un cine, el Trans-Lux Prado, al que inauguró una película de Disney, *Fantasía*.

Aunque algunos urbanistas criticaron la forma de sus torres, que recordaban «latas de sardina apiladas», el del Prado fue la sensación de una ciudad en la que el espectáculo mayor lo constituía una sociedad ávida de contemplarse a sí misma. «Todo México», como le llamaban entonces a la constelación de políticos, ricachones y estrellas de cine, trepaba diariamente la suntuosa escalinata exterior y se derramaba con pieles, boquillas, esmóquines y puros, por los espaciosos salones.

La verdadera fama del Hotel del Prado comenzó, sin embargo, cuatro días después de su inauguración, el 5 de junio de 1948, exactamente a las 19:15.

En la ciudad corría toda clase de rumores desde que el arzobispo Luis María Martínez se había negado a bendecir el hotel, en protesta por la frase «Dios no existe», que Diego Rivera había pintado en un extremo del *Sueño de una tarde de domingo en la Alameda*.

Poco antes de las siete, un grupo de damas católicas, «de la buena sociedad capitalina», ingresó en el Salón Versalles y se colocó en sitios estratégicos. Minutos después, repartidos en grupos de diez, irrumpieron varios estudiantes de Ingeniería que derribaron al detective del hotel y rasparon la frase de Diego con cuchillos recogidos en las propias mesas.

Las damas los incitaban con estos gritos: «¡Adelante, por la religión!» y «Lo que buscan está debajo de Juárez, ¡ráspenlo!».

A esa hora, los pintores Diego Rivera, David Alfaro Siqueiros y Juan O'Gorman, acompañaban a Fernando Gamboa en una cena servida en su honor en la Fonda Santa Anita. Cuando supieron lo que estaba sucediendo, Siqueiros lanzó una arenga en defensa del arte y la libertad de expresión.

Los ánimos se incendiaron. Sesenta artistas salieron de la fonda y marcharon al Del Prado. La entrada de Siqueiros fue teatral: «¡Se ha cometido una infamia!», gritó. Diego Rivera subió a una mesa y repintó la frase con crayón —«Otro alarde de ateísmo», dirían los diarios.

Ante la amenaza de un mural que podía poner a la ciudad en llamas, Luis Osio y Torres Rivas, el dueño del hotel, decidió tapiar el comedor para sustraer la obra de la vista del público. El histórico mural quedó oculto durante nueve años.

El Hotel del Prado fue uno de los hitos mayores de la que, antes del terremoto del 85, fue sin duda alguna la calle más bella de México. Sus escalinatas fueron una «fuente» extraoficial del periodismo mexicano: durante muchos años, fotógrafos y reporteros obtenían ahí sus exclusivas. El hotel era parada obligada de los que «ventaneaban» en los aparadores de la Avenida Juárez. Tomar la copa en alguno de sus bares se volvió una tradición.

En septiembre de 1985 vino el temblor. El Del Prado no cayó de golpe, como el Regis. Durante varios meses, sus paredes agrietadas fueron la metáfora de una ciudad deshecha. Su demolición se llevó a pedazos una etapa de México. Yo conservo su recuerdo, como una postal arrugada entre las manos.

Una fotografía en la que se aprecia el famoso Hotel del Prado en los años cincuenta. Este inmueble, obra de Carlos Obregón Santacilia, estuvo en la avenida Juárez entre Revillagigedo y Azueta, y fue demolido tras los sismos de 1985; hoy en su lugar se encuentra un hotel Hilton.

LOS DIARIOS QUEDARON OLVIDADOS EN LOS QUIOSCOS

AMÉRICA Y ATLANTE

DE *GAVILÁN O PALOMA*

El cine Regis estrenaría *Vidas errantes*

1 9 8 5

UN DÍA NUBLADO CON POSIBILIDAD DE LLUVIAS POR LA NOCHE

CIUDAD SIN AGUA, SIN TELÉFONOS, SIN ENERGÍA ELÉCTRICA

EL ARQUITECTO CARRILLO ARENA

TODO ERA POLVO Y HUMO

LAS ESQUINAS DE LA COLONIA ROMA

Escenas de un mundo incumplido

Los periódicos del 19 de septiembre de 1985 producen una de las sensaciones más extrañas del mundo. Son los diarios impresos la noche anterior al temblor. Son los diarios que nadie leyó: quedaron olvidados en los quioscos, mientras la gente luchaba entre los escombros. Contienen un mundo incumplido. Resultan perturbadores, porque están repletos de algo que jamás llegó.

Ese jueves iba a jugarse el primer partido de la semifinal entre América y Atlante: las habilidades de Zelada, Brailovsky, Vinicio Bravo y Gonzalo Farfán parecían superar las más modestas de Pedro Soto, «el Pueblita» Fuentes o «el Chocolate» García. Para ese día estaba programado el estreno «mundial» de *Gavilán o paloma*, película sobre el auge y caída del «Príncipe de la Canción», José José, que sería exhibida en veintiocho salas de la capital. Luis Miguel, Lucerito, Menudo y Parchís iban a presentarse en un programa especial, por el canal 2, a las 14:30. Luego comenzaría el ciclo Tardes de Juventud con una película de Silvia Pinal y Rafael Bertrand.

Si la vida hubiera transcurrido como de costumbre, Julieta Bracho habría dado, en ese mismo canal, una lección del curso de inglés Follow Me. Por la tarde, Irán Eory conmovería a los televidentes con un nuevo capítulo de la telenovela *Principessa* y, por la noche, Blanca Sánchez y Enrique Rocha promoverían Videocentro, a través de un programa en el que serían transmitidas «las más grandes escenas» de los filmes que esa tienda ofrecía en renta.

Se esperaba un día nublado, con posibilidad de lluvias por la noche. Era el día de las emilias, las constanzas, los ricardos y los geranios. Los festejados podrían celebrar su onomástico viendo el *show* de Vitorino en el Quórum del Hotel Crown Plaza o podrían asistir al Teatro República para reírse con los albures de Chóforo y Varelita —que escenificaban *La que quiera azul celeste que se acueste*—. También podrían adquirir un boleto para las doscientas cincuenta representaciones de una obra muy promocionada entonces, *La Perricholi*, en la que actuaba Rosenda Montero. En los Televiteatros de Cuauhtémoc y Puebla se iba a representar *José el soñador*. En el Morocco, del conjunto Marrakesh, cantaban esa noche Jorge Vargas, Alicia Juárez y Cruz Infante. El cine Regis sacaría de cartelera *El vuelo de la cigüeña* —última cinta que proyectó— para estrenar, en la tarde, una película de José Carlos Ruiz: *Vidas errantes*.

Quizá las emilias, las constanzas, los ricardos y los geranios iban a recibir presentes adquiridos en la tienda departamental Salinas y Rocha, que anunciaba descuentos extraordinarios en máquinas de coser, aspiradoras, motocicletas y ventiladores. En ese jardín de senderos que bifurcó el terremoto, la procuradora Victoria Adato había contemplado recorrer las nuevas instalaciones de la Procuraduría General de Justicia capitalina, en la colonia Tránsito. La Secretaría de Desarrollo Urbano y Ecología, encabezada por el arquitecto Guillermo Carrillo Arena, anunció que el problema de vivienda en la ciudad estaba a punto de ser resuelto: el Gobierno federal haría una inversión de seiscientos treinta millones de pesos para construir unidades habitacionales que beneficiarían a setecientas setenta mil familias.

La Secretaría de Hacienda anunciaba la puesta en marcha de la Operación Tepito, cuyo objetivo era acabar con el contrabando.

A las 7:19, el sendero se bifurcó. El día que se esperaba nublado se convirtió en «jueves negro» —de acuerdo con la denominación ensayada por Emilio Viale en las páginas de *El Universal*—. Las instalaciones que Adato pensaba recorrer colapsaron: bajo los escombros aparecieron los cuerpos de varios delincuentes torturados. El problema de vivienda no solo no se resolvió, infinidad de edificios construidos por el arquitecto Carrillo Arena terminaron vueltos cascajo. Comenzó el «jueves negro» con la ciudad sin agua, sin teléfonos, sin energía eléctrica. Dejó de funcionar el metro, hubo fugas de gas. Todo era polvo y humo; todo era ruinas y devastación. Nunca olvidaré el semblante de la gente parada en las esquinas de la colonia Roma: miraban una ciudad que no reconocían.

Ese día, el tránsito se paralizó, salió a flote la miseria escondida en las vecindades. Pedaleé por la Roma, porque supe que el edificio en el que vivía Luis Cadena, uno de mis mejores amigos, se había venido abajo. En la esquina de Orizaba y San Luis viví algunos de los segundos más angustiosos que recuerdo: los referentes habían desparecido y no supe en qué sitio, en qué calle, en qué esquina me encontraba.

Como si la ciudad mandara señales crueles, en la marquesina del cine Tlatelolco se anunciaba la película *Tú puedes mexicano*, estelarizada por Carmen Salinas. En el Cinema Uno, que quedó reducido a polvo, iba a estrenarse aquel día *Solos en la oscuridad*.

Qué extraño hojear ahora esos periódicos. Ante la promesa de ese mundo incumplido, y otra vez de la mano de Borges, se puede jugar a que, en efecto, los senderos se bifurcaron. Que en algún lugar el Cinema Uno exhibió *Solos en la oscuridad*, que el Regis estrenó *Vidas errantes*, que Vitorino debutó en el Quórum y que la gente salió a la calle al terminar la función: se disgregó en el manto oscuro de la urbe, iluminado intermitentemente por vendedoras de tamales, cafés de chinos y puestos de quesadillas.

Pero de este lado, en el que antes estuvieron esos sitios, no hay más que lotes baldíos y estacionamientos, cicatrices que tuvimos y se quedaron para siempre.

«HOY EL MISTERIO ESTUVO BEBIENDO CON NOSOTROS»

Brasil 37

EL GENERAL ANTONIO LÓPEZ DE SANTA ANNA Y EL PINTOR JUAN CORDERO

HAY ESPANTOS PARA DAR Y REGALAR

Esas cosas servían para amarrar los caballos

2 0 1 2

AQUELLA LLUVIA OLÍA A LA LLUVIA DE OTROS AÑOS

LA NOCHE EN LA ANTIGUA CASA DE LEONA VICARIO

BAJABA POR LOS PELDAÑOS DE CANTERA

TRADICIONES Y LEYENDAS DE LA COLONIA

LOS PRIMEROS ENVIADOS DEL SANTO OFICIO

Solo algunos ruidos

Al final de una velada literaria en el Centro de Lectura de la Condesa, que funciona en una casa construida en los años treinta del siglo pasado, alguien dijo que aquel lugar estaba lleno de espantos. El escritor Ignacio Trejo, que estaba al tanto de los detalles, porque su novia, Ixchel, trabajaba en el Centro, hizo que un par de empleados y la encargada de la vigilancia nocturna hicieran la crónica de las apariciones. Nos hablaron del espectro de un niño que se ponía a mirar a los trabajadores desde lo alto de la escalera y de una mujer, probablemente extranjera, que vagaba por los bajos de la casa hacia donde alguna vez estuvo la cocina.

Con la noche a cuestas, decidimos prolongar la velada en un bar cercano, el Nuevo León. Nos acompañaron el poeta Raúl Renán y los novelistas Marcial Fernández y Juan José Rodríguez.

Juan José nos relató un cuento que jamás ha escrito: la historia de una niña que cierta madrugada se le apareció en un cuarto del Hotel Bamer.

Salimos del bar y la ciudad lucía sencillamente tibia. Renán dijo: «Hoy el misterio estuvo bebiendo con nosotros». Sentí unas ganas inmensas de encender la máquina y ponerme a escribir, pero no lo hice. Antes de caer en un pozo de sueños inquietos, pensé en un cuento de Ray Bradbury: «Esa cosa al final de la escalera».

Al día siguiente me encontré a Ixchel a la salida de un café. Con una falta de seriedad que luego me resultó escalofriante, le pregunté si era posible que me dejaran pasar una noche en el Centro de Lectura. Se rio en mis narices, pero prometió consultarlo. Como en todo cuento que se respete, olvidé el asunto.

Y como en todo cuento que se respete, una llamada de Ixchel volvió a recordármelo.

La directora de Literatura del INBA, Stasia de la Garza, no tenía inconveniente en que yo fuera a perder mi tiempo. Si eso ayudaba a promover la escritura… etcétera.

Pocas veces me he sentido más estúpido. Ixchel dijo entonces algo extraño:

—Dice Stasia que si lo que quieres son fantasmas, es mejor que pases la noche, no en el Centro, sino en la Dirección de Literatura del INBA: la antigua casa de Leona Vicario.

—¿Y eso? —pregunté.

—Los empleados cuentan que hay espantos para dar y regalar.

Se me vino a la mente un relato que fascinó mi adolescencia, en el que un caballero victoriano, armado con un revólver, una linterna y una novela, decide pasar la noche en una casa encantada. Tuve la impresión de que en algún lugar muy vago algo parecido a un cuento se había puesto en marcha.

Stasia formalizó la invitación con el envío de un correo que enumeraba los puntos de la casa que, de acuerdo con los empleados de la Dirección, era preciso visitar:

- Oficina de la subdirección: figura de catrín.
- Oficina que da al patio de atrás: presencias, sombras y sonido de máquina de escribir vieja.
- Pasillo de la administración: figura de mujer.
- Oficina de la administración: figura de hombre.

La casa donde vivió la heroína de la independencia Leona Vicario, en Brasil 37, a un lado del temible Palacio de la Inquisición, figura entre las más antiguas de la ciudad. Perteneció al regidor Juan Velázquez de Salazar y en 1571 albergó a los primeros enviados del Santo Oficio. La hermosa construcción que hoy conocemos proviene de las remodelaciones practicadas en los siglos XVII y XVIII por dos de los mayores arquitectos novohispanos: Pedro de Arrieta y Lorenzo Rodríguez —según documentos localizados por la historiadora Bertha González Cosío—. En algún momento, la casa perteneció al mayorazgo de Valdés. En 1823 fue entregada a Leona Vicario, en pago por los servicios que prestó a la causa de la Independencia. Vicario vivió ahí a lo largo de diecinueve años y murió en una habitación del segundo piso. En los bajos de la casa vivieron, entre otros, el general Antonio López de Santa Anna y el pintor Juan Cordero.

Llegué un lunes a las diez de la noche, sin revólver y sin linterna, aunque llevando en la mano una novela. La plaza de Santo Domingo se iba quedando sola. Adelino, el vigilante que me recibió, me observó de la misma forma en que los enfermeros de un hospital siquiátrico podrían mirar a un nuevo paciente. Aunque solo el zaguán estaba iluminado, al fondo se adivinaban barandales de hierro, arcos ornamentales, vigas de madera, pilastras de chiluca. El escenario con que J. Tovar habría ilustrado una portada de esa historieta excepcional que fue *Tradiciones y leyendas de la Colonia*.

El viejo centro es prodigioso. En menos de lo que maúlla un gato te deja caer los siglos encima. Caminé tras Adelino por el patio, subimos los peldaños de cantera rosa de la escalera y recorrimos, una a una, varias veces, las habitaciones. No se escuchaba más que el chirrido de los focos, que él prendía y apagaba; no se escuchaba otra cosa que el crujir de nuestros pasos.

En la oficina de la directora, misteriosamente, un cartel cayó al piso. Adelino me tranquilizó:

—Corrientes de aire —dijo.

Agregó que en los años que llevaba haciendo guardia en ese sitio no había ocurrido nada que pudiera sobresaltarlo. «Solo algunos ruidos».

Bajamos al patio y me senté a esperar. El vigilante recordó historias inciertas, cosas que le habían contado: de una sombra que bajaba por los peldaños de cantera, de la máquina de escribir que traqueteaba de pronto en las horas del silencio, del catrín que, según algunos, paseaba de noche por el piso alto.

Comenzó a llover en pequeñas gotas suaves. Aquella lluvia olía a la lluvia de otros años. Allá, tras de la puerta, se fueron apagando los ruidos de la plaza. De vez en cuando resonaba el taconeo de algún transeúnte apresurado; llegaba el eco vago, un poco roto, de conversaciones sostenidas por los caminantes. Vino el rasgueo fugaz de una guitarra —alguien la tocaba al andar— y, al final, el rodar de un puestecillo ambulante que me hizo imaginar el paso de un carruaje en lucha contra el empedrado.

Transcurrieron una, dos, tres horas. Mientras otros dormían y soñaban, Adelino y yo hablamos un poco de todo. Luego la charla se agotó. El silencio se volvió espeso.

No me di por vencido. Abrí y cerré varias veces el libro que llevaba conmigo. Decidí estirar las piernas y caminé, fumando, a lo largo del patio sombrío. A las dos de la mañana descubrí, a un lado del portón de entrada, un aro de metal empotrado en el piso. Adelino me dijo:

—En aquellos tiempos esas cosas servían para amarrar los caballos. Comencé a jugar con el arillo. Lo tomé entre los dedos, lo moví de un lado de otro, lo dejé caer. Cada que el aro de metal regresaba a su sitio, al patio lo habitaba un tintineo de plata. Tomé el arillo y lo dejé caer. De pronto me sentí cansado. Le dije a Adelino:

—Está visto que esta noche los espantos no hablan con desconocidos.

Chocamos la mano y salí a la plaza de Santo Domingo. A bordo del taxi que me conducía a mi casa me dije que los fantasmas nuevamente me habían despreciado.

Pero al día siguiente comprendí que no. Si un fantasma es algo que se niega a irse, había olido el fantasma de una lluvia de la Nueva España. Había escuchado el ruido de un carruaje y también el tintineo del aro: un sonido del siglo XVIII que vino a mí como un espectro que atraviesa el tiempo.

PLAZA DE REPÚBLICA

OTROS GRANDES SANTIFICADOS DE LA REVOLUCIÓN

«¡Viva Villa!»

ERA PRESA DE CAZA

Villa regresó de entre los muertos

1 9 7 6

SE ENCARGÓ DE DEFENDERLO TRÉMULAMENTE

LA DIVISIÓN DEL NORTE UNA MÁQUINA DE GUERRA

SANGRE FRÍA

UN OLIMPO LEGENDARIO

EL GRAN ENEMIGO DE OBREGÓN Y CARRANZA

La última cabalgata del Centauro

En los años sesenta, cuando los héroes revolucionarios tenían escuelas y calles con su nombre, Francisco Villa seguía siendo el gran excluido de la Revolución. Con dificultad se había autorizado que una avenida de la Ciudad de México llevara el nombre de la División del Norte.

A Villa se le recordó por primera vez de manera oficial medio siglo después del inicio de la lucha armada, el día en que el presidente Adolfo López Mateos encabezó —20 de julio de 1960— una ceremonia luctuosa por el aniversario de su muerte. El gran enemigo de Obregón y Carranza, el personaje más llamativo entre los dioses de la gesta revolucionaria, continuaba siendo un proscrito. Si la velocidad había sido el rasgo distintivo de su vida —una suma de arranques súbitos y altos inesperados hizo de la División del Norte una máquina de guerra de efectividad letal—, el Centauro se hallaba ahora atrapado en la lentitud del olvido. Amplios sectores lo consideraban la peor cara de la Revolución. José Vasconcelos lo despreció siempre. Daniel Cosío Villegas no se refirió a él más que con sarcasmo. Diego Rivera lo pintó con «una fisonomía infernal de ídolo prehispánico».

En 1966, la propuesta de Gustavo Díaz Ordaz de colocar el nombre de Villa con letras de oro en la Cámara de Diputados generó un debate que hizo del recinto un polvorín. Vicente Salgado, diputado del PRI, lanzó contra Villa una filípica tan explosiva que, según las crónicas, estuvo a un paso de hacer volar el recinto. Recordó la sangre fría con que este ordenaba fusilamientos y ejecuciones de ancianos y mujeres indefensas. Vicente Lombardo Toledano, del Partido Popular Socialista, se encargó de defenderlo trémulamente y logró voltear los dados. Villa llegó a la Cámara de Diputados por mayoría de votos, aunque no de manera abrumadora.

Cuando los restos de Plutarco Elías Calles arribaron al Monumento a la Revolución (1969), a Villa solo se le concedió que el gobierno inaugurara una estatua ecuestre, cincelada en su honor, en la esquina de Cuauhtémoc y Universidad. Pero cuando las obras del metro pasaron por aquel sitio, la estatua fue echada a patadas al Parque de los Venados.

Villa regresó de entre los muertos apenas en 1976.

En noviembre de ese año, obedeciendo un decreto de Luis Echeverría, una comisión abrió su tumba en Hidalgo del Parral y exhumó sus restos —sin cabeza— para conducirlos por fin al Monumento a la Revolución.

La última cabalgata de Francisco Villa resultó espectacular: el cementerio era una romería. La gente se agolpaba en la calle gritando: «¡Viva Villa!». Un armón militar condujo la urna con los restos podridos y hechos polvo. Lo seguía un regimiento de caballería y un contingente militar ataviado a la manera de los Dorados. A bordo de una camioneta, los restos del Centauro del Norte recorrieron México. Se les rindió homenaje a lo largo de su ruta —Durango, Zacatecas— hasta llegar a la Cámara de Diputados.

El 20 de noviembre, Echeverría realizó el último acto de su gobierno: recibir la urna en la Plaza de República, justo a los pies del Monumento. El secretario de Educación, Víctor Bravo Ahuja, pronunció el discurso con que la familia revolucionaria aceptó al fin a Villa entre sus miembros. Era el regreso del hijo pródigo «porque este hermano tuyo estaba muerto, y ha vuelto a la vida; estaba perdido, y ha sido hallado», según reza el evangelio de San Lucas.

Los restos fueron colocados en la misma columna en la que descansaban, desde 1960, los huesos de Francisco I. Madero.

Más de un siglo después del comienzo de la lucha armada, Villa es el gran triunfador de la Revolución. A ningún otro se le han dedicado tantos libros, tantas películas, tantas novelas como al mítico general en jefe de la División del Norte.

Mientras Obregón y Calles han perdido sus antiguos prestigios, y Carranza sigue sumergido en la grisura, el medio tono que lo rodeó siempre, Villa habita en un Olimpo legendario que no han logrado alcanzar los otros grandes santificados de la Revolución: ni Madero ni Zapata ni Cárdenas.

Jorge Aguilar Mora describió el embrujo de Villa de esta forma: «Era nómada, era anónimo, era guerrero, era presa de caza, era jinete, era tirador, era mujeriego, era al mismo tiempo mestizo e indio ladino». Todos esos rasgos definen —y simultáneamente mantienen en la indefinición— la figura del Centauro.

La velocidad, que fue la característica vital de Villa, le permitió convertirse, después de muerto, en uno de los personajes más esquivos y huidizos de la historia. La innumerable bibliografía sobre sus hazañas solo ha logrado volverlo más misterioso, más oscuro, más impreciso.

La carga de caballería rendida en torno del Centauro en los últimos años comprueba que, también en la Historia, hay veces en que los últimos son los primeros.

El Monumento a la Revolución en una toma de los años cuarenta. Este inmueble fue diseñado por Carlos Obregón Santacilia en los años treinta, aprovechando la estructura inconclusa de lo que iba a ser el Palacio Legislativo.

SIGLO XVIII

«LOS ENSUEÑOS DELICIOSOS»

Provocaba ataques de buen humor

SANTA ANNA

Risotadas que duran todo el tiempo

1 8 8 5

LLEGÓ A INYECTARSE MORFINA

EN TIEMPOS DE DON PORFIRIO

«EL AZOTE DE NUESTRAS TROPAS»

ARTISTAS Y ARISTÓCRATAS MEXICANOS

SUBMUNDO CRIMINAL

Hojas fumadas

La marihuana se fuma en México desde el siglo XVIII. La trajeron los marinos que atravesaban el Pacífico a bordo de la Nao de China. Su consumo allanaba, hacía más dócil una travesía de cerca de tres meses, en la que muchos morían víctimas del hambre, el calor y el escorbuto.

En 1772, el sabio José Antonio Alzate se refirió a las «visiones extravagantes» que la hierba ocasionaba. Concluyó que derivaban de un simple proceso químico y atribuyó sus efectos a razones «puramente naturales».

La sustancia que los marinos habían introducido al virreinato circuló sin restricciones durante casi un siglo. Las fuentes que han llegado hasta nosotros no la asociaron con el vicio ni con el crimen. Era solo una especie de exótica «curiosidad» que provocaba ataques de buen humor.

En un libro extraordinario, *Tolerancia y prohibición. Aproximaciones a la historia social y cultural de las drogas en México. 1840-1940*, el historiador Ricardo Pérez Monfort narra que el médico francés asentado en San Luis Potosí, Pierre Dencausse, fue el primero en advertir que el uso de la marihuana se había generalizado en el ambiente carcelario a consecuencia de «propiedades hilarantes» que ayudaban a «calmar los males de la reclusión».

El siglo XIX, sin embargo, resultó poco tolerante con «los ensueños deliciosos» emanados de esta droga: al general Santa Anna se le propuso prohibirla. Pero su alteza se negó. Probablemente la había fumado —de la marina pasó a la tropa, donde hacía más tolerables, por ejemplo, las arduas noches del campamento— y la consideraba inofensiva, tal vez necesaria.

Una canción de la época dice que el general era un «Sansón para la marihuana». Se trata de la misma cuyo estribillo ha llegado hasta nosotros:

Marihuana, ya no puedo
ni levantar la cabeza,
con los ojos retecolorados
y la boca reseca, reseca.

Cuenta Pérez Monfort que, en 1859, un médico de Jalisco, Crescencio García, escribió una de las referencias más completas de la marihuana como narcótico: *Fragmentos para la materia médica mexicana*. El médico realizó una formidable descripción del efecto que causaban «las hojas fumadas»:

> Se emplean para procurarse una especie de embriaguez particular acompañada de sensaciones voluptuosas en que se ve lo que no existe, se juzga de diferente modo lo que ha sido. Sin embargo, se advierte que bajo su influencia hay más propensión a las ideas alegres, y uno de los efectos más constantes es el de provocar risotadas que duran todo el tiempo que se está sometido a su acción.

No dudo que don Crescencio se haya dado «las tres», como lo exige el reglamento. Sus investigaciones le permitieron enlistar algunos usos terapéuticos de la *Cannabis indica* y presentar, incluso, una serie de fórmulas para transformarla en jarabes, en pomadas y en sedantes.

En el último tercio del siglo XIX, por influencia de la bohemia parisina —«Baudelaire y sus máximas disolventes»—, artistas y aristócratas mexicanos se arriesgaron a experimentar con distintas drogas. Por los salones corrió el opio en abundancia. Jesús Valenzuela, al dictar sus memorias, recordó que el poeta José Juan Tablada había llegado a inyectarse morfina. La marihuana, sin embargo, fue desdeñada por las élites: se le consideró un vicio de pobres, propio del cuartel y del presidio.

Con el paso del tiempo, a través de la prensa periódica, la moral porfiriana la encadenó al submundo criminal. En 1885, los diarios la llamaron «la plaga de los presidios» y «el azote de nuestras tropas».

Para los periodistas, «la soñadora» fue un eslabón que unió a la plebe con el crimen. Noticia a noticia, los reporteros levantaron el lugar común que convirtió en una sola persona al mariguano y al delincuente —en realidad, una forma de rechazo a los pobres y a los marginados.

En 1908, Félix Díaz, que era al mismo tiempo inspector de policía y sobrino de don Porfirio, irrumpió en un taller en el que se fabricaban cigarros de marihuana. Los carrujos venían en una caja en la que se leía: «Cannabis Indica. Cigarros medicinales contra el asma, bronquitis, dolores de pecho y de pulmón».

El dueño del taller declaró que la había obtenido en Celaya, con intenciones de que el Consejo Superior de Seguridad la analizara, «porque él cree que la referida yerba no es dañosa, sino que, por el contrario, posee excelentes cualidades medicinales».

—¿Por qué se me va a prohibir ya que en Europa, y especialmente en Francia, nación que, como todos saben, va a la vanguardia de la civilización, no está prohibido ponerla en comercio? —preguntaba el empresario.

Las autoridades se limitaron a confiscar el producto. Pérez Monfort asegura que durante todo el siglo siguiente perduró un afán: convertir a la marihuana en una sustancia perniciosa para la «higiene social». De hecho, fue el primer enervante que se prohibió en México.

En abril de 2016, el pleno del Senado aprobó, con noventa y ocho votos a favor, siete en contra y una abstención, el uso medicinal de esta yerba, así como su cultivo con fines científicos. El dictamen no contempló el llamado «uso lúdico». Estamos como hace cien años. Radicamos mentalmente en tiempos de don Porfirio. Seguimos arrastrando un rancio prejuicio histórico.

«MARIHUANA, YA NO PUEDO
NI LEVANTAR LA CABEZA,
CON LOS OJOS
RETECOLORADOS
Y LA BOCA RESECA, RESECA».

ESTE TIRANO HIZO DE LA TIPOGRAFÍA MEXICANA UN ARTE MAYOR

LA IMPRENTA MÁS LEGENDARIA DEL SIGLO XIX, EL TALLER DE IGNACIO CUMPLIDO

LIBROS CENTRALES DE LA LITERATURA MEXICANA

Cumplido fue un editor estelar

1 9 3 5

EL BUEN GUSTO, LA LIMPIEZA, LA SIMETRÍA, LA CORRECCIÓN

EL SIGLO DIEZ Y NUEVE, EL PERIÓDICO MÁS LONGEVO E INFLUYENTE DE AQUEL SIGLO TUMULTUOSO

«LAS VÍAS PLATEADAS DE UN TRANVÍA»

DISCURSOS, REFLEXIONES, CALENDARIOS, CATÁLOGOS

LA AMPLIACIÓN DE SAN JUAN DE LETRÁN ELIMINÓ EL PASADO

El año en que se borró el pasado

En 1935 se decidió entregar la avenida San Juan de Letrán al automóvil. En unos meses, la ampliación de esta calle eliminó el pasado: las implacables demoliciones borraron para siempre el Colegio de San Juan de Letrán, que desde 1529 daba nombre a la avenida; se llevaron el templo y convento de Santa Brígida, última orden contemplativa de la Nueva España, cuya construcción databa de 1744; abatieron el edificio en donde estuvo el Hospital Real de Naturales (1557) y al llegar a la esquina de la actual Artículo 123 —que antiguamente se llamó calle de los Rebeldes— no dejaron piedra sobre piedra de una pequeña y misteriosa capilla dedicada al Divino Salvador.

Luis González Obregón tuvo el cuidado de recoger una inscripción situada en la entrada de dicha capilla: «Reynando el Sr. Dn. Fernando VI y siendo Virrey el Ex. Sr. Conde de Rebilla-Gigedo se encargGO / desTA obra el Sr. Contador Dn. Joseph de Cárdenas, Administrador deste ospital Real / y se empezó el año de 1753 y se aCaBO en el de 1754» [sic].

En esa esquina de San Juan de Letrán y Artículo 123, se alojó la imprenta más legendaria del siglo XIX, el taller de Ignacio Cumplido. No solo eso: en ese sitio se editó *El Siglo Diez y Nueve*, el periódico más longevo e influyente de aquel siglo tumultuoso —su vida se extendió entre 1841 y 1896.

Una foto de junio de 1935 muestra el edificio en los instantes previos a su demolición. Frente al pequeño templo se aprecia la curva que dibujan en el pavimento las vías plateadas de un tranvía, los cables del alumbrado se enmarañan en la parte alta de los postes, mujeres elegantes caminan protegidas

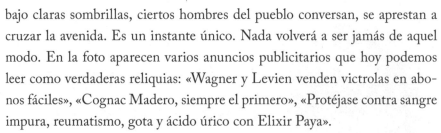

bajo claras sombrillas, ciertos hombres del pueblo conversan, se aprestan a cruzar la avenida. Es un instante único. Nada volverá a ser jamás de aquel modo. En la foto aparecen varios anuncios publicitarios que hoy podemos leer como verdaderas reliquias: «Wagner y Levien venden victrolas en abonos fáciles», «Cognac Madero, siempre el primero», «Protéjase contra sangre impura, reumatismo, gota y ácido úrico con Elixir Paya».

Quienes dieron a conocer la fotografía —los autores del libro *México en el tiempo*, editado por *Excélsior* en 1945— apuntaron que el año de la demolición de la avenida San Juan de Letrán, «las canteras de los edificios sintieron de cerca el peligro. Creyeron que su solidez y su edad impondrían algún respeto a las jóvenes generaciones, pero se equivocaron».

Nada había entonces que recordara la existencia en ese sitio del mítico taller de Cumplido. Nada que indicara que en aquella imprenta fueron editados muchos de los libros centrales de la literatura mexicana, volúmenes que, tal vez, usted y yo adoramos: *El fistol del diablo*, de Manuel Payno, en 1859; la colección de novelas conocida como *La linterna mágica*, de José T. Cuéllar, en 1871; *El Cerro de las Campanas* y *El Sol de Mayo*, de Juan A. Mateos, aparecidos ambos en 1868.

Los cuentos de Ignacio Rodríguez Galván, las poesías de Juan de Dios Peza, los libros de filosofía de José Miguel Guridi y Alcocer, las colecciones de piezas literarias en prosa y verso de José Joaquín Pesado, las oraciones cívicas y los caprichos dramáticos de Guillermo Prieto, la *Historia de la conquista de México* de William Prescott, los *Cuentos de Navidad* de Charles Dickens, la *Historia general de las cosas de la Nueva España* de fray Bernardino de Sahagún. Noticias estadísticas, descripciones geográficas, discursos, reflexiones, calendarios, catálogos, reglamentos, manifiestos, crónicas, tratados científicos, documentos para la historia de México… Es imposible hurgar en el siglo XIX mexicano sin encontrar, una y otra vez, la frase: «Imprenta de Ignacio Cumplido, calle de los Rebeldes n. 2».

Cumplido fue un editor estelar. Entre muchas otras cosas, le fue dado publicar el «Proyecto del primer camino de hierro a la República, desde el puerto de Veracruz a la capital de México» (1837), el «Detalle de las operaciones ocurridas en la defensa de la capital de la República, atacada por el ejército de los Estados Unidos del Norte» —firmado por Santa Anna en

1847—, el «Tratado de Paz, Amistad y Límites», con el que México perdió en 1848 la mitad de su territorio, y la «Historia del Congreso Constituyente de 1856-1857», escrita nada menos que por Francisco Zarco.

Se le requería también para imprimir avisos y volantes que contenían opíparos asuntos de la vida diaria. Este es uno de mis favoritos:

> Aviso: Remate al mejor postor de curiosidades naturales y artísticas que fueron del difunto Mariano Sánchez Mora, ex-conde del Peñasco, y se verificará en su casa, calle del Correo Mayor, casa sin número al torcer para el Parque de la Moneda, en los días necesarios, siendo el primero el 2 del prócsimo septiembre, comenzando a las once de la mañana en adelante si hubiere concurrentes. (1846)

En 1829, Cumplido era un muchacho de dieciocho años al que se le había confiado la dirección del establecimiento que publicaba *El Correo de la Federación*, un órgano del Partido Liberal. En las prensas del *Correo* se definieron, simultáneamente, su vocación y su ideología. Pocos años más tarde, editó *El Fénix de la Libertad* y un diario conocido como *El Atleta*. Desde 1833, comenzó a aparecer en libros y revistas la frase mágica: «Ignacio Cumplido, impresor», así como la dirección «Rebeldes n. 2».

1833 fue el año en que Cumplido instaló entonces su propia imprenta. La calle de los Rebeldes se encontraba en ese tiempo a las afueras de la ciudad, haciendo esquina con un San Juan de Letrán que no podemos siquiera imaginar. Lo componían portadas, cúpulas, muros de templos, colegios y conventos. Las pocas imágenes de aquellos días muestran una calle terregosa escoltada por poquísimas casas habitación.

Cuando Cumplido abrió su establecimiento tipográfico en un rincón del viejo Hospital Real de Naturales, esta institución colonial llevaba más de diez años cerrada. Había dejado de funcionar poco después de la Independencia, en 1822. El editor fue de los primeros en aprovechar los antiguos espacios que la Corona española abandonaba en América.

Sus contemporáneos lo definieron como un maniático de la perfección. En sus trabajos privaban siempre el buen gusto, la limpieza, la simetría, la corrección. Vicente Quirarte afirma que era capaz de hacer fastuosas ediciones cuando se le presentaban los recursos «o de resolver limpiamente un problema cuando el cliente solo contaba con dinero para tinta y papel». Uno de sus biógrafos, Ramiro Villaseñor y Villaseñor, cuenta que el mayor disgusto de Cumplido «era oír a otros trabajadores quejarse de fatiga o de cansancio».

Este tirano hizo de la tipografía mexicana un arte mayor. De Rebeldes número 2 salieron las revistas más bellas de la época: *El Mosaico Mexicano*, editado a partir de 1837 y decorado con elegantes grabados en madera y poderosas litografías —ahí colaboraron Manuel Payno, Guillermo Prieto, José María Lacunza, Manuel Carpio, José Bernardo Couto: los miembros más destacados de la Academia de Letrán—; *La Ilustración Mexicana*, órgano de los escritores agrupados en torno del Liceo Hidalgo —Ignacio Manuel Altamirano, Francisco Zarco, Manuel M. Flores, José T. Cuéllar—; y *El Presente Amistoso Dedicado a las Señoritas Mexicanas*, que por sus virtudes tipográficas el crítico Emmanuel Carballo situó como la mejor revista de su tiempo.

El 7 de octubre de 1841, los *papeleritos* de la Ciudad de México vocean por primera vez *El Siglo Diez y Nueve*, el diario liberal y doctrinario por excelencia, en cuya fundación participan Juan Bautista Morales, Mariano Otero, Juan Rodríguez Puebla y el propio Cumplido. La Ciudad de México no puede saber que en aquellas planas quedará su retrato, la fotografía de un siglo, el daguerrotipo de un país.

Desde la tarde de su primera aparición pública —comenzó como un vespertino que costaba un real— hasta el 15 de octubre de 1896, fecha fatal de su extinción, este diario tiró 17 638 números: cincuenta y cinco años del siglo XIX están cifrados en sus páginas.

El Siglo propagó ideas liberales y enarboló la defensa de las libertades democráticas. Fue cerrado, multado, amonestado. Sus directores fueron perseguidos. Desapareció durante la invasión norteamericana, las guerras de Reforma y la invasión francesa, pero regresó siempre listo para meterse en la política, la literatura y todas las formas del combate. Zarco lo dirigió en uno de sus momentos más brillantes. A él se debe una frase espléndida: «Un pueblo puede agitarse por lo que la prensa diga, pero puede morir por lo que la prensa calla».

Guillermo Prieto relata que aun los articulistas más solicitados «percibían una mísera soldada por sus colaboraciones». Contra la costumbre de la época, afirma Ramiro Villaseñor y Villaseñor, la mayor parte de los colaboradores solía prescindir del uso del seudónimo, «cosa que constituye un mérito en tiempos de borrasca política».

La nómina de autores que escribieron en sus páginas haría palidecer a cualquiera.

En donde estuvo ese periódico, ahora pasan los autos.

San Juan de Letrán se llama, desde fines de los años setenta, Eje Central. Es una calle que prodiga el ruido, la basura, el tráfico, la contaminación visual.

Alguien la verá así en una fotografía del futuro, y nos maldecirá como la generación que no hizo nada por salvar la metrópoli y su memoria.

La tumba de Cumplido, por cierto, convertida en un montón de piedras, yace olvidada en algún rincón del antiguo Panteón Francés: acaso sea la representación exacta de todo esto.

CALLE SAN JUAN DE LETRAN.   MEXICO.

La esquina de Madero y San Juan de Letrán, hoy el Eje Central, hacia 1930. Del lado izquierdo se encuentran la residencia de la Familia Escandón, en el lugar que ahora ocupa el edificio Guardiola, y detrás, la aseguradora La Latinoamericana, que poco después fue reemplazada por otro inmueble de estilo Art Déco, y luego por la Torre Latinoamericana. La imagen nos permite apreciar a la avenida San Juan de Letrán poco antes de su ampliación.

COMERCIO AMBULANTE

EL MURMULLO APAGADO Y MONSTRUOSO

CALZADA DE LOS POETAS

El bosque se ensanchó

La misteriosa Calzada de los Poetas

2 0 1 5

EL SOL SE MUEVE EN EL AGUA VERDOSA DEL LAGO

EMBELLECER ESTE PARAÍSO SILVESTRE

LA LUZ TRASPASA LAS RAMAS

JOSÉ YVES LIMANTOUR

NO SE ESCUCHA MÁS QUE EL VIENTO

Chapultepec a la una de la tarde

Nadie viene a Chapultepec a la una de la tarde. El bosque es a esa hora más que nunca un bosque. Se fueron los deportistas que corrían o pedaleaban por el circuito; desaparecen rumbo a sus casas los alumnos que se habían «volado» las clases. Quedan algunos novios entrelazados, algunas parejas que reman en el lago. Y quedan, sobre todo, grandes trechos solitarios en los que el sol se filtra entre los árboles.

Desde lejos llega el murmullo apagado y monstruoso de la ciudad: el tráfico de Constituyentes, o de Reforma, o del Circuito Interior, con su cortejo interminable de cláxones. Pero eso se disuelve, se difumina, en las copas de los truenos, de los ahuehuetes, de los liquidámbares.

Hay ciento cinco especies de árboles en el bosque de Chapultepec. Algunas han llegado desde lejos, atravesando el tiempo. Unas cuantas, incluso, lo habrán visto todo, esos años que Novo resumió en un relámpago: «Aquí los reyes aztecas, finos y civilizados, vivieron, se bañaron; aquí los adustos virreyes meditaron la conveniencia de transportar la ciudad a la firmeza seca de las lomas; aquí murieron los héroes niños bajo las balas del invasor; aquí Carlota escandalizó a las damas gordas de su corte de honor al madrugar para —¡Jesús mil veces, Carlotita!— montar a caballo; aquí Elihu Root, aquí don Porfirio, aquí don Pancho, aquí Obregón, aquí Calles —cuando Anzures: aquí vive el presidente, y el que gobierna, allí enfrente—, aquí Portes y Abelardo…».

El bosque de Chapultepec fue diseñado por José Yves Limantour, el ministro de Hacienda de don Porfirio, para que la Ciudad de México tuviera su propio bosque de Bolonia. El ministro había creado una junta, a cuya cabeza

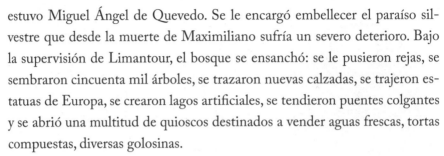

estuvo Miguel Ángel de Quevedo. Se le encargó embellecer el paraíso silvestre que desde la muerte de Maximiliano sufría un severo deterioro. Bajo la supervisión de Limantour, el bosque se ensanchó: se le pusieron rejas, se sembraron cincuenta mil árboles, se trazaron nuevas calzadas, se trajeron estatuas de Europa, se crearon lagos artificiales, se tendieron puentes colgantes y se abrió una multitud de quioscos destinados a vender aguas frescas, tortas compuestas, diversas golosinas.

La inauguración sucedió en octubre de 1907 y todos los diarios la reseñaron: el Castillo, que en 1785 ordenó construir el virrey Bernardo de Gálvez, se iluminó por vez primera; del lago brotaron cascadas multicolores; canoas repletas de flores atravesaron las aguas, mientras la orquesta típica de Miguel Lerdo de Tejada amenizaba el espectáculo.

Los fantasmas de aquel mundo se han quedado en el bosque y aparecen de preferencia en esta hora solitaria, en la que solo se escucha cantar a los zanates, los pinzones, los tordos, los mirlos, las tórtolas.

Hay una parte del bosque tomada por el comercio ambulante. Es una parte ruidosa en la que los vendedores ofrecen a gritos chicharrones y «cueritos» bañados con salsa Tabasco, y en la que se vende de todo: máscaras de luchador, camisetas de futbolista, chicles y cigarros de broma. Pero hay otra parte en la que a esta hora solo grita el tiempo. Está en el obelisco escondido entre ahuehuetes que atestiguaron la toma del Castillo en 1847, y que Ramón Rodríguez Arangoiti erigió en memoria de los cadetes caídos durante la invasión norteamericana.

Está en los desgastados relieves de la época prehispánica, labrados en las rocas del Cerro del Chapulín, que contuvieron las efigies de tres gobernantes mexicas —Moctezuma Ilhuicamina, Axayácatl y Moctezuma II— y que el arzobispo Zumárraga hizo destruir en 1539 —hoy solo queda la silueta, fantasmal, del último.

Y está también en la misteriosa Calzada de los Poetas, en donde se erigen los bustos —creados por Ernesto Tamariz, Ignacio Asúnsolo y José Santiago León— de los poetas favoritos del Parnaso mexicano: Sor Juana, Manuel Acuña, Manuel Gutiérrez Nájera, Antonio Plaza, Manuel José Othón, José Joaquín Fernández de Lizardi, Ramón López Velarde, Salvador Díaz Mirón, Juan Ruiz de Alarcón.

El sol se mueve en el agua verdosa del lago, la luz traspasa las ramas y no se escucha más que el viento. La belleza, como la felicidad, es frecuente, escribió Jorge Luis Borges. «No pasa un solo día en el que no estemos, al menos un instante, en el paraíso».

En una de las ciudades más ruidosas, más pobladas, más grises del mundo, ese instante en el paraíso puede ocurrir a la una de la tarde en Chapultepec.

LAGO DE CHAPULTEPEC - MEXICO.

Niños y adultos se divierten por igual en el célebre Lago de Chapultepec a mediados de los años treinta. Este espacio de recreo ha sido uno de los más populares en la ciudad a través de las décadas.

LA BOMBILLA MÁS DURADERA

BURBUJA DE CRISTAL

LA HUMANIDAD NO SE DETUVO

Los primeros focos eléctricos

2011

EL REINADO DE LA VELA

OFICINAS DEL PALACIO NACIONAL

CEGUERA Y MIOPÍA

DE HERODOTO A DOSTOIEVSKI

LA VIDA NOCTURNA

Un invento
que dice adiós

L a bombilla eléctrica formó parte de nuestras vidas desde el Porfiriato. En agosto de 2011 quedó convertida en pieza de museo. A partir de esa fecha, los focos incandescentes comenzaron a ser remplazados por otros de tecnología fluorescente. La Secretaría de Energía aseguró que este cambio significó la migración tecnológica más importante en los últimos 139 años, desde el momento en que el ingeniero ruso Aleksander Lodygin patentó la primera lámpara incandescente.

A partir de agosto de 2011, algo necesariamente cambió en la noche: aunque de manera imperceptible, no puede estar iluminada del mismo modo.

En enero de 1880, Thomas Alva Edison patentó una bombilla que podía ser comercializada y poseía una vida de cuarenta horas. La bombilla más duradera hasta entonces —creada por el físico y químico Joseph Swan— funcionaba durante trece. Aquella burbuja de cristal provista de un filamento de carbono rompió por primera vez el ciclo natural de la vida: hizo de la noche un territorio habitable, imprimió a las ciudades una dinámica hasta entonces desconocida.

En un siglo en el que los inventos revolucionaron al mundo, la bombilla fue considerada el más importante después del auto. Se impuso a la creación de los cerillos (1826), de la locomotora de vapor (1829), de la máquina de coser (1830), del refrigerador (1834), del telégrafo (1838), del daguerrotipo (1839), del ascensor (1851), de la máquina de escribir (1867), del teléfono (1876), del fonógrafo (1871), de los rayos X (1895) y del cinematógrafo (1895).

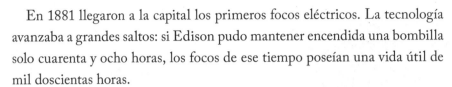

En 1881 llegaron a la capital los primeros focos eléctricos. La tecnología avanzaba a grandes saltos: si Edison pudo mantener encendida una bombilla solo cuarenta y ocho horas, los focos de ese tiempo poseían una vida útil de mil doscientas horas.

El reinado de la vela había llegado a su fin.

El interior de las casas se siguió iluminando con velas, desde luego, pero la «migración» se completó en unos cuantos años. La humanidad no se detuvo a pensar en la deuda impagable que tenía con la vela. Casi todo lo que vale la pena ser leído, de Herodoto a Dostoievski, se escribió bajo la luz de una ellas. En Egipto, las fabricaban con cera de abeja. Más tarde las hicieron con grasa de ballena, de oveja o de vaca, e incluso con el sebo que sobraba en las cocinas. En el siglo XIX se patentó la parafina —un derivado del petróleo— y comenzó la producción masiva de velas: Joseph Morgan diseñó una máquina capaz de fabricar mil quinientas en una hora.

En 1900, Porfirio Díaz encendió el primer foco en sus oficinas del Palacio Nacional. A la velocidad de la luz, la electricidad fue llevada a las casas —no a todas: en las zonas marginales de la metrópoli la gente se siguió alumbrando como en tiempos del virrey Revillagigedo.

Durante el siglo siguiente, el foco fue el eje inevitable de la vida cotidiana. Todo —¡hasta el amor!— se hizo bajo la luz de una bombilla. La frase «quemarse las pestañas» —al leer o estudiar de noche bajo la llama de una vela— perdió su sentido original.

La historiadora Lillian Briseño ha entregado el relato, tremendo y divertido, de cómo sufrieron los capitalinos para adaptarse a los nuevos tiempos —*Candil de la calle, oscuridad de su casa. La iluminación en la Ciudad de México durante el Porfiriato*, Miguel Ángel Porrúa, 2008—. La curva de aprendizaje incluyó el uso de términos desconocidos —*socket, switch, watt*—, la experimentación empírica con los poderes de la electricidad en su vertiente de personas electrocutadas al pasar cerca de cables que colgaban accidentalmente en la calle y la creencia de que vivir bajo el influjo de la luz eléctrica causaba a la larga ceguera y miopía. En alguna página he contado que Manuel Gutiérrez Nájera protestó porque la bombilla hacía visibles las arrugas de las mujeres —cuyos rostros, a la luz de la vela, resultaban más seductores.

Gracias al foco incandescente, a esos hermosos globos opalinos colocados a veces en elegantes candelabros de hierro, la gente pudo explorar y adueñarse de una segunda vida: la vida nocturna. No hubo diario que no cronicara el momento en el que la ciudad se volcó por las noches a pasear por las calles tras la llegada de la luz incandescente. No hubo diario que no reseñara el cambio de aspecto de las viejas plazas coloniales «en las que antes gritaba la Llorona».

El foco hizo el mundo observable de una manera en que la humanidad no lo había observado nunca.

En el siglo XIX, la lámpara de trementina duró veinte años. La iluminación con gas hidrógeno, no más de treinta. El reinado de la bombilla arrancó a finales del XIX y devoró el XX. En 2011 llegó la hora de decirle adiós. No hubo más venta de focos incandescentes a partir de 2013.

Entiendo que en el fondo no cambia nada, solo que se ha ido un pedazo del tiempo.

La llamativa iluminación del edificio de la compañía de seguros La Mexicana, ubicado en la esquina de Plateros y San José el Real, hoy Madero e Isabel la Católica, durante las fiestas del Centenario de la Independencia en septiembre de 1910. Este inmueble fue construido por Genaro Alcorta en 1906, ocupando el sitio donde antes había estado el café La Concordia; actualmente en la planta baja se encuentra una tienda Zara.

«EL REINADO DE LA BOMBILLA ARRANCÓ A FINALES DEL XIX Y DEVORÓ EL XX».

LOS MURALES DE ROBERTO MONTENEGRO

LA PRIMERA MODELO

MI ADOLESCENCIA

La casa de la bruja

2 0 1 7

«MI OBRA PLÁSTICA ES DEFINITIVAMENTE LITERARIA»

EL EROTISMO Y «LA MISERABILIDAD»

«MI AMANTE ERA UNA MUJER ALGO PROSTITUIDA POR LA POBREZA»

UN PATIO LLENO DE MACETAS

ESCUELA DE ARTE

José Luis Cuevas en un cuarto miserable

Estoy en la calle de Donceles, intentando averiguar dónde estuvo el cuarto miserable en el que a fines de los años cuarenta José Luis Cuevas tuvo su primer estudio.

Me he preguntado siempre en qué sitio exacto se encontraba aquel lugar. Supongo que al fondo de un patio lleno de macetas, en una de esas viejas vecindades que antes fueron palacios suntuosos.

Cuevas vivía, al declinar la década de 1940, en «una extrema soledad». Le habían impactado los murales de Roberto Montenegro y acababa de entrar a estudiar pintura en La Esmeralda.

Un día le contó al escritor Carlos Valdés que una fiebre reumática lo obligó a abandonar los estudios. Pero antes de que eso ocurriera, conquistó a una muchacha que trabajaba como modelo en la Academia de San Carlos —y también en la Esmeralda—. Se llamaba Mireya y fue la primera modelo que hubo en su vida. Con ella sostuvo también su primera relación amorosa: Cuevas la pintaba y la poseía en aquel cuarto, aunque no precisamente en ese orden.

«Su pobreza me llevaba a identificarla, a encontrarle ciertas similitudes con la Sonia de *Crimen y castigo*… Mi amante era una mujer algo prostituida por la pobreza», le dijo a Valdés.

Cuevas leía en aquel estudio a Victor Hugo, a Verne, a Dostoievski. Leía también a Vasconcelos. Escribía cuentos que luego destruía. Y también dibujaba incansablemente a Mireya.

«Durante un año vacilé entre dos vocaciones: la de pintor, que de alguna manera había surgido antes, y la de escritor... Esta última surgió después de haber leído a los autores que admiraba en mi adolescencia. Y como siempre sucede, los escritores novatos de alguna manera desean imitar a los maestros que admiran. Los relatos que escribía eran dostoievskianos. Estaban poblados de personajes tristes, desesperados, marginados. Me identificaba con estos personajes de ficción porque me sentía infeliz, como ellos», recordó Cuevas muchos años después, cuando todo aquello existía solo en un ático de su memoria, y de Mireya no se conservaba siquiera un dibujo.

> Consideré importante la literatura y empecé a escribir —dijo José Luis Cuevas—. Pero de ninguna manera la abandoné después, cuando ya había decidido dedicarme única y exclusivamente a la pintura, al dibujo y al grabado, porque lo literario ha sido un estímulo constante: mi obra plástica es definitivamente literaria.

De manera que en aquel estudio que nunca he encontrado fue donde todo comenzó.

Cuevas decía que se había destacado en la primaria haciendo dibujos con bastante competencia. Decía que un inspector escolar vio aquellos trabajos y le recomendó a su maestro que lo estimulara. Decía que, en premio a su talento, lo inscribieron en una escuela de arte —«vamos a fingir que a la Esmeralda»—. Decía que los profesores lo elogiaban y sus compañeros lo admiraban.

Un día comenzó a hacer dibujitos «de viejas encueradas», que su padre creyó que eran producto de «inconfesables vicios secretos». Cuevas hablaba y no hablaba de sí mismo al hacer este relato. Pero aquellos dibujitos, ¿no eran los de Mireya desnuda en el cuarto miserable de la calle de Donceles?

Estoy ahora en esa calle ruidosa, intentando averiguar en dónde habrá estado el estudio en que el mito de Cuevas comenzó. El cuarto del que acaso vinieron el erotismo y «la miserabilidad» que él mismo señaló como un signo, el punto nodal de su obra.

Hace años recorrí esta misma calle buscando otro domicilio: Donceles 815. Caminé con lentitud «en este conglomerado de viejos palacios coloniales convertidos en talleres de reparación, relojerías, tiendas de zapatos y expendios de aguas frescas». Levanté la mirada a los segundos pisos, «donde nada cambia». Miré las ventanas ensombrecidas por largas cortinas verdosas —«esa ventana de la cual se retira alguien en cuanto tú la miras»—. Busqué en vano una manija, «esa cabeza de perro en cobre, gastada, sin relieves».

No encontré aquella vez —no la he encontrado nunca— la casa de la bruja de ojos verdes de la novela de Carlos Fuentes.

Tantos años después salgo a buscar a la misma calle del Centro otro domicilio mítico. No voy a encontrarlo. José Luis Cuevas acaba de morir y hay en Donceles una soledad extrema.

POR NOBLES, POR CONDES, POR VIRREYES

Texas

LA ESQUINA DE TACUBA E ISABEL LA CATÓLICA

LA ÚLTIMA VIRREINA DE LA NUEVA ESPAÑA

O'Donojú era un ser destinado al infortunio

1 8 2 1

EL PAÍS QUEDÓ EN BANCARROTA

CARTAS ENTERRADAS

ACTA DE INDEPENDENCIA

SE CONDOLIÓ DE LA VIUDA

PERFUMERÍA NOVELTY

La virreina fallida

En la esquina de Tacuba e Isabel la Católica se yergue un palacio de tezontle y cantera cuyos bajos han sido tomados por letreros que anuncian zapaterías, tiendas de ropa y perfumerías: Bandolino, D'Vargas, Mishka, Fraiche, Zapaterías León. Cuando esa marejada de signos permite fijar la mirada en la belleza simple y desnuda del edificio, aparece como de golpe un portento del siglo XVIII: un caserón que solo pudo ser habitado por nobles, por condes, por virreyes.

Ahí vivió doña Josefa Sánchez Barriga, la última virreina de la Nueva España.

Tras esos muros se tejió una de las historias más trágicas, sórdidas y olvidadas de la historia de México. No está mal pensar en ella mientras uno se prueba unos zapatos.

Que doña Josefa Sánchez Barriga fue la última virreina de la Nueva España es un decir, porque cuando desembarcó en Veracruz en compañía de su esposo, Juan de O'Donojú, los realistas habían perdido la última batalla y las Cortes de Cádiz acababan de suprimir el virreinato.

O'Donojú era un ser destinado al infortunio. Atravesó un mar cargado de peligros y al desembarcar se enteró de que el puesto para el que había sido llamado no existía más. En un gesto de nobleza, accedió a estampar su firma en el Acta de Independencia.

No pudo cosechar, sin embargo, reconocimientos ni aplausos, porque un mes después de la entrada triunfal del Ejército Trigarante, murió repentinamente a consecuencia de una pleuresía, o acaso envenenado por Iturbide, como apuntó en su *Diario* el historiador y periodista Carlos María de Bustamante.

Su esposa doña Josefa, que había llegado para ser virreina, se encontró de pronto completamente sola. No podía volver a España, porque Fernando VII había declarado traidor a O'Donojú —«Lo envié a que conservase esos reinos, no a que los diese a los enemigos de la Corona»—, y porque la ira del rey la había tocado también a ella: quien prestara ayuda alguna al matrimonio sería perseguido por traición a la Patria.

La viuda de O'Donojú halló cierto alivio en el imperio fugaz de Iturbide: en pago por los servicios que su esposo había prestado a la Independencia, Agustín I le destinó una pensión de mil pesos mensuales. La repentina abdicación del emperador, en marzo de 1823, provocó que el pago se suspendiera.

Vino lo peor. El país quedó en bancarrota. Se sucedieron las revoluciones, las asonadas, los *pronunciamientos*. En medio de la orgía de sangre que envolvió a la república en los primeros años de su vida independiente, nadie volvió a recordar a la virreina fallida.

Un siglo después, en 1930, Joaquín Meade y Trápaga localizó, en unas cajas amontonadas en el Archivo General de la Nación, un paquete de cartas escritas por doña Josefa. Localizó, también, los documentos del juicio de desalojo que se siguió a la viuda cuando le fue imposible pagar la renta del palacio donde había muerto O'Donojú —está en Tacuba 65.

Durante doce largos años, Josefa Sánchez se había sostenido con pequeños capitales obtenidos de la venta de sus muebles, sus trajes, sus joyas. En 1833 había acabado con todo y comenzaba a perseguirla el hambre.

El dueño de la casa en que habitaba, el duque de Terranova y Monteleone, descendiente de Hernán Cortés, contrató a Lucas Alamán para que le llevara el juicio. La virreina fue demandada por dos mil trescientos ochenta y siete pesos de los de antes. Como le era imposible pagarlos, fue echada a la calle.

En 1838, un antiguo combatiente de la Independencia, el general Mariano Michelena, pasó a formar parte del gabinete del presidente Anastasio Bustamante. Michelena se condolió de la viuda, le envió seis pesos con un criado y prometió realizar las gestiones necesarias para que el gobierno le entregara una «pensión rebajada»: quinientos pesos mensuales.

«¡Ojalá se pueda conseguir! —escribió doña Josefa—. Los quinientos pesos me sacarán del cruel purgatorio en que me hallo padeciendo tanto tiempo hace!».

El país había perdido Texas. La hacienda pública se hallaba en bancarrota. No era posible pagar siquiera el sueldo de los burócratas.

Los quinientos pesos prometidos nunca llegaron. Doña Josefa emprendió una peregrinación, primero a través de casas cada vez más modestas, y luego de cuartos de vecindad cada vez más pobres y oscuros. Si su antiguo rango le autorizaba algunas consideraciones por parte de los propietarios, la bondad de estos se desvanecía en cuanto las deudas comenzaban a aumentar.

El 20 de agosto de 1842, Carlos María de Bustamante anotó en su *Diario*: «Murió víctima de indigencia la señora María Josefa Sánchez de O'Donojú, la cual subió a tal punto que hubo días en que solo se alimentó de café».

El nombre de O'Donojú es el tercero que aparece en el Acta de Independencia. Pero aquel nombre fue olvidado pronto. Con la misma rapidez, la ciudad borró el fantasma de su viuda: de doña Josefa no quedó otro rastro que unas cartas enterradas en un archivo.

En 1912 se estableció en Tacuba la perfumería Novelty, cuyo éxito inmediato atrajo en cascada numerosos comercios de la misma naturaleza. Desde entones, la calle donde vivió la última virreina se halla inundada de fragancias. Contra lo que quería Proust, a veces los olores hacen olvidar las cosas.

«MURIÓ VÍCTIMA DE INDIGENCIA LA SEÑORA MARÍA JOSEFA SÁNCHEZ DE O'DONOJÚ, LA CUAL SUBIÓ A TAL PUNTO QUE HUBO DÍAS EN QUE SOLO SE ALIMENTÓ DE CAFÉ».

COSTABA 25 CENTAVOS

SUS CHISMES SON UNA DELICIA

«¡SEÑORAS! LOS DOCTORES ACONSEJAN ESTO: USAR KOTEX EN VEZ DE TOALLAS HECHAS DE TRAPOS VIEJOS»

Podrá hipnotizar a otra persona

1 9 2 9

SETENTA Y DOS PÁGINAS

«KELLOG'S CORN FLAKES NO TIENE IGUAL NI PUEDE SER IMITADO. CASI 12 MILLONES LO COMEN DIARIAMENTE»

LA EMOCIÓN, LA FASCINACIÓN, LA ANGUSTIA DE UNA ÉPOCA

UN TIANGUIS DE CHÁCHARAS

CHAPLIN

El abismo de lo nuevo

Nos hemos acostumbrado a decir que el cine sonoro comenzó en 1927 con la película *El cantante de jazz* —que incluye canciones y algunos fragmentos «hablados»—, pero las cosas no podían cambiar de la noche a la mañana. En muchas ciudades y en casi todos los pueblos del mundo, los cines carecían de equipos de sonido, de modo que durante mucho tiempo se siguieron haciendo y proyectando filmes mudos.

Aunque la primera película totalmente hablada se estrenó en julio de 1928 —*Lights of New York*, producida por Warner Brothers y estelarizada por Helene Costello y Cullen Landis—, todavía en enero del año siguiente algunos de los grandes estudios seguían sin estrenar una película sonora.

En un tianguis de chácharas de la colonia Roma encontré la edición en español correspondiente a julio de 1929 de la legendaria revista *Cinelandia*. En México costaba veinticinco centavos, y los aficionados al cine prácticamente se la arrebataban de las manos. Sus chismes son una delicia. Sus anuncios publicitarios son una delicia. Sus fotos son también una delicia. Y sus noticias sobre la conversión de los estudios a la nueva tecnología del sonido resultan no menos una delicia.

Me detengo en los anuncios: «¡Señoras! Los doctores aconsejan esto: usar Kotex en vez de toallas hechas de trapos viejos». «¿Desea usted poseer el misterioso poder que fascina a los hombres y a las mujeres, influye en sus pensamientos, rige sus deseos y hace del que lo posee el árbitro de todas las situaciones? Ud. podrá hipnotizar a otra persona instantáneamente, entregarse al sueño o hacer dormir a otro a cualquier hora del día o de la noche.

Nuestro libro gratuito contiene todos los secretos de esta maravillosa ciencia. Escríbanos». «Kellog's Corn Flakes no tiene igual ni puede ser imitado. Casi 12 millones lo comen diariamente. Pruébese con rajitas de plátano y con leche fría». «Afortunadamente, si la memoria falla, las fotografías recuerdan. Kodak proporciona un recuerdo permanente y gráfico de los seres queridos». «Leche de Magnesia de Phillips, el antiácido y laxante que los médicos han prescrito por más de medio siglo para la biliosidad, la indigestión, los eructos y la flatulencia». «¡Las moscas repugnantes, los mosquitos molestos, las inmundas cucarachas, las chinches, las hormigas, la polilla y las pulgas! Todos sucumben, todos mueren de los efectos del rocío fino y penetrante del Flit. Flit los mata a todos».

Cinelandia tenía setenta y dos páginas. En julio de 1929, la mayor parte de estas abordaban los cambios provocados por la irrupción del sonido. La publicación resulta muy actual: el mundo ante el abismo de lo nuevo. Noticias de este tipo:

> Hollywood está dominado por el cine parlante: no se hace, ni se piensa, ni se charla de otra cosa. Los actores y las actrices entrenan sus voces a fin de mantenerse dentro de la nueva innovación [...] Con motivo del incremento que están tomando las películas parlantes, todo el mundo está tomando cursos de alocución, de canto, de baile, de lenguas. Hoy tienen preferencia todos aquellos que han estudiado en academias y conservatorios, y han tenido experiencia en el palco escénico.

> Corinne Griffith, estrella de la First National, va a hacer su primer *film* parlante. Parece que su voz es de tan espléndido efecto en la nueva modalidad, que se la han asegurado en la no despreciable suma de cien mil dólares.

> En el maremágnum de transformación social de la industria, existe un punto de especial interés: el futuro de los astros extranjeros cuya pronunciación del inglés, en muchos casos imperfecta, puede ser razón suficiente para que debiesen regresar a sus países natales [...]

Nombres famosos hasta ayer, desaparecieron barridos por el cine hablado, y por otros nuevos nombres, desconocidos el día anterior.

La revista enlista a las estrellas extranjeras que «se quedan»: Greta Garbo, Lupe Vélez, Gilbert Roland, Dolores del Río, Ramón Novarro, y enumera a las que «se van»: «solo un extranjero se ha salvado en Fox», «en First National la falange extranjera ha desaparecido casi por completo». El reportaje anuncia el argumento genial de *Sunset Boulevard*, la película que Billy Wilder filmaría en 1950.

En *Cinelandia* está el miedo, la emoción, la fascinación, la angustia de una época. Un reportero visita a Chaplin, el actor por excelencia del cine silente. Chaplin condena «la nueva orientación y aboga por el arte mudo, la continuación de la película silenciosa». Dice: «El éxito del vitáfono no puede ser duradero ni permanente. El entusiasmo del público será transitorio y predominará de nuevo la cinta silenciosa. Pronto volveremos a la película genuina, restituida a su primitiva sencillez».

Vaya cosa. El abismo de lo nuevo hasta en las catacumbas del pasado.

Juego de portadas originales de la revista *Cinelandia* y *Films*
del año de 1929. Al frente se encuentra la revista del mes de
agosto con la imagen de la actriz estadounidense Sue Carol.

«AFORTUNADAMENTE, SI LA MEMORIA FALLA, LAS FOTOGRAFÍAS RECUERDAN. KODAK PROPORCIONA UN RECUERDO PERMANENTE Y GRÁFICO DE LOS SERES QUERIDOS».

REAL AUDIENCIA

TODO SE BAMBOLEÓ

CLAMABAN AUXILIO

«Barracas, chozas y xacalillos»

1 7 8 7

EL GRAN TSUNAMI

LA INÉDITA VIOLENCIA DEL SACUDIMIENTO

LAS «FIEBRES PÚTRIDAS» DIEZMABAN A LOS VECINOS

«FIEBRES MESENTÉRICAS»

MONARQUÍA INDIANA

¡Terremoto!

El mayor terremoto registrado en la historia de México sobrevino el 28 de marzo de 1787. Se calcula que tuvo una magnitud de 8.6. Fue tan brutal que desató un tsunami en las costas del Pacífico. En una comunicación dirigida al gobierno virreinal, Francisco Gutiérrez Terán, alcalde mayor de Igualapa, en el actual estado de Guerrero, relató:

> Estando varios infelices de aquellas pesquerías haciendo barras para recoger pescado, y ya algunos montados a caballo después de haberlo recogido y metido en sus redes, vieron con asombro retirarse el mar más de una legua, descubriéndose tierras de diversos colores, peñascos y árboles, y que con la misma velocidad que se huyó de su vista, volvió otra vez y otras, dexando millares de pescados en el distrito que quedó sin aguas.

Once pescadores quedaron hechos pedazos por la furia de las aguas: el tsunami los dejó «colgados y metidos entre los palos de un monte que dista como legua y media del mar, y de excesiva altura». Algunos otros pudieron escapar, «aunque muy maltratados y heridos».

En otro relato de la tragedia, el alcalde de Tehuantepec, Tomás Mollinedo, informó a la Real Audiencia que el terremoto había desatado «una extraña conmoción de las aguas», y un «espantoso bramido» del mar. Su informe encierra una línea misteriosa en la que se apunta que el tsunami lanzó en el litoral «pezes de extraordinario grandor y conchas nunca vistas, cuya magnitud se ha hecho admirar de todos».

El militar que se hallaba a cargo del fuerte de San Diego, en Acapulco, participó también «la extraña novedad que experimentaba el mar». Al mediodía —escribió—, este «comenzó a retirarse y crecer, aunque sin olas, ni otra particular alteración, de un modo nunca visto». Cada que el mar se retiraba era posible ver «más allá de cien varas de playa»; cada que volvía su volumen aumentaba diez o doce pies. El oleaje finalmente rebosó el muelle y arrasó la marina. La gente huyó, en busca de refugio, hacia las zonas altas.

En los primeros días de abril, la *Gazeta de México*, el «compendio de noticias de Nueva España» que dirigía el hábil periodista Manuel Antonio Valdés, entregó a los lectores novohispanos los relatos que alcaldes y regidores de las zonas afectadas habían enviado a la capital del virreinato. Uno de los más dramáticos pertenece al corregidor de Oaxaca, Joseph Mariano Llano. El terremoto lo sorprendió aquella mañana en el palacio de gobierno, mientras presidía una audiencia. Salió en tropel a la plaza mayor y ahí le llegaron las primeras noticias de los estragos: la ciudad estaba destruida, algunas torres habían caído, otras mostraban tal estado de ruina que parecía que un estornudo podría hacerlas rodar por tierra.

En las Casas Reales, en cuyo centro funcionaba la cárcel local, los reos clamaban auxilio: las paredes y los techos se encontraban lacerados por las grietas. El colapso parecía inminente.

Escoltado por la tropa, el corregidor sacó a los reos de la cárcel —eran doscientos veinte— y los agrupó en la plaza; un pregonero intimó que sería castigado «con el mayor rigor hasta pena de la vida» el que intentase ponerse en fuga. Al mismo tiempo se expidió un bando que impuso la misma pena al ciudadano que robara en Oaxaca «la cosa más mínima».

La *Gazeta* demuestra que las cosas no cambian. La gente se negaba a abandonar las casas dañadas por el terremoto, los enseres, grandes o modestos, que acompañaban su vida. Fue preciso que un piquete de soldados sacara a empellones a decenas de vecinos, y los concentrara en las plazas. Se convocó a médicos y cirujanos para que atendieran a los heridos. Se advirtió a los comerciantes que en la ciudad no debía faltar el alimento «a los precios regulares y de siempre».

Aquel jueves del temblor, la verde Oaxaca quedó convertida en un gran campamento de damnificados. El sábado siguiente la capital fue azotada por «un grande uracán», al que le siguió un fortísimo aguacero. Corrió el rumor de que el cerro de San Felipe se había desmoronado. «En concepto de la plebe», informó el corregidor, aquel cerro se encontraba lleno de agua, «pues de él dimanan varias de las vertientes que abastecen a la ciudad».

«Fue tanto y tan general el terror y espanto» que la gente abandonó «barracas, chozas y xacalillos», y huyó «profusamente por los caminos [...] clamando misericordia».

Llano apuntó en su informe que desde el día del sismo casi todas las familias se encontraban viviendo en las plazuelas, despoblados y campos de las cercanías, en «casas portátiles que han fabricado».

La Ciudad de México también fue tocada. En 1787 corrían malos tiempos para la capital del virreinato. Las «fiebres mesentéricas» o «fiebres pútridas» diezmaban a los vecinos desde septiembre del año anterior. Aquellas calenturas malditas empezaban con «constipación o catarro detenido», al que le seguían escalofríos, calenturas y dolores de cabeza. A medida que avanzaban las horas, la lengua se ponía seca y el enfermo vomitaba «materiales amargos o verdes». Aparecía un sudor copioso, la nariz comenzaba a sangrar, el cutis se llenaba de manchas encarnadas, rosas y moradas. La mente se extraviaba. Involuntariamente, los enfermos arrojaban orina y excrementos. Al final, la lengua se ponía «escabrosa y negra». Había convulsiones. A los veinte días del comienzo de la enfermedad, tañían las campanas de las iglesias. El paciente estaba muerto.

El gran sismo sacudió aquella ciudad enferma. De acuerdo con la *Gazeta*, durante seis inmensos minutos todo se bamboleó, «de sur a norte, con alguna inclinación al noroeste». Una hora más tarde hubo una réplica, «ya de oriente a poniente, ya de norte a sur». Tembló cinco veces aquel día.

El único registro de un terremoto de esa magnitud aparece en el Códice Aubin, en el que se alude a un sismo ocurrido en 1475, en el cual «muchísimos cerros se dislocaron». A resultas de aquel terremoto, la Gran Tenochtitlan quedó destruida. El fraile Juan de Torquemada relata en su *Monarquía indiana* que aquel temblor «fue tan recio» que «no solo se cayeron muchas casas, pero los montes y sierras y en muchas partes se desmoronaron y deshicieron».

A quienes han vivido los dos últimos terremotos ocurridos en la Ciudad de México, no deberá significarles un gran esfuerzo imaginar lo que pasaron los hombres de 1787. Pero en ese tiempo, la Ciudad aún estaba rodeada de lagos. No se había construido sobre un lecho fangoso y muerto. A pesar de la inédita violencia del sacudimiento, la Ciudad de los Palacios resistió.

Al arquitecto José Damián Ortiz de Castro, que en aquellos días dirigía el proyecto de construcción de la Catedral Metropolitana —es, entre otras cosas, el autor de sus torres—, se le ordenó recorrer la ciudad y levantar el censo de los desastres materiales. A caballo, tal vez en carroza, Ortiz de Castro recorrió las calles de México. La constancia que entregó a las autoridades tres meses después del terremoto indica que había edificios a punto de venirse abajo en todas partes. En las calles del Águila, de la Canoa, de Santa Teresa, del Reloj y San Francisco —o lo que es lo mismo: en República de Cuba, Donceles, Licenciado Verdad, Argentina y Madero—, y también «bajado el Puente del Cuervo», «pasado San Fernando» y en «las casas que están de bajada del puente Blanquilla como quien va a la Palma».

Ortiz observó la fachada de las casas, penetró en los patios, revisó los techos, auscultó escaleras, trabes y columnas. Detectó grietas y fisuras en domicilios particulares, templos, conventos y colegios. «Son infinitas las paredes viejas y cuartos en los que hay bastante peligro», escribió, y sugirió que «un número suficiente de operarios» echara abajo cuanto antes las casas más dañadas. Una parte considerable de la ciudad de los siglos XVI y XVII debió ser demolida a consecuencia de aquel temblor: el gran tsunami se llevó consigo las construcciones más viejas de la urbe.

En el interior de los templos, mientras tanto, los vecinos celebraban novenarios de rogación con misas solemnes y «letanías al castísimo patriarca señor San Joseph». El 15 de abril hubo en las calles principales una procesión inmensa, «con cuanto lucimiento y decoro exigen las presentes circunstancias para que Dios nos mire con misericordia».

Al igual que en 1985, al igual que en septiembre de 2017, existía la ominosa sensación de que la ciudad estaba pendiendo de un hilo. El 18 de abril, un bando ordenó que «ninguna persona, sea del estado, calidad y condición que fuese, pueda dentro de la ciudad hacer que las mulas de qualquiera coche que se conduzca troten o corran», ya que «los movimientos de tierra que ha padecido esta capital han quarteado sus edificios, cuyo deterioro agravaría sin duda el rápido, extraordinario e irregular curso con que suelen rodar los coches».

Siguió temblando a lo largo de aquel año, y de los siguientes. Tembló tanto que en 1791 se recomendó al virrey de Revillagigedo que reconstruyera una habitación hecha de tablas que su antecesor, el virrey de Bucareli, había levantado en el jardín del Palacio Real «para su retiro en tiempo de temblores».

Probablemente lo hizo.

Pero luego todo aquello fue olvidado.

«LA GENTE SE NEGABA A ABANDONAR LAS CASAS DAÑADAS POR EL TERREMOTO, LOS ENSERES, GRANDES O MODESTOS, QUE ACOMPAÑABAN SU VIDA».

Los trabajos de remoción de escombros llegan finalmente a la esquina de Balderas y la avenida Juárez poco después de los sismos de 1985. En la toma se alcanza a ver lo último que quedaba en pie del Hotel Regis. Del lado derecho se encuentra el edificio de la compañía H. Steele, cuyo reloj se detuvo exactamente a la hora del sismo de 1985. En el lugar que estuvo el famoso hotel ahora se encuentra la Plaza de la Solidaridad. Al fondo se aprecia el Monumento a la Revolución.

SIGNO INCUESTIONABLE DE ENVENENAMIENTO GENERAL

Kepler 83

FUE OBLIGADA A ABANDONAR A SU ABUELA MATERNA

LA FOTOGRAFÍA DE UN AMOR FRUSTRADO

El hilo de sangre que bajó por la nariz de la víctima

1 9 5 5

SE CONVIRTIÓ EN REINA DEL BAILE

EL DIRECTOR JESÚS JAIME OBREGÓN

ROL PROTAGÓNICO EN *BODAS TRÁGICAS*

EL FANTASMA DEL NAZISMO

TODO ERA UN DESASTRE

El secreto de Miroslava

El cadáver de la actriz Miroslava fue encontrado en esa posición que los peritos denominan «decúbito dorsal derecho». Tenía los dedos amoratados, «signo incuestionable de envenenamiento general», y en un gesto sospechosamente explícito sostenía en la mano izquierda tres cartas metidas en sobres de correo aéreo. En la alcoba de la muerte, como la calificó el legendario reportero Eduardo «el Güero» Téllez, fueron encontrados la fotografía de un amor frustrado —el torero español Luis Dominguín— y varios frascos de barbitúricos. Un periodista gráfico imprimió una placa en la que se aprecia el hilo de sangre que bajó por la nariz de la víctima y se le enredó en un dedo como un anillo. Era el rastro de la boda de Miroslava con la Muerte.

Miroslava Stern, la actriz checa que había deslumbrado a México con su mirada azul y su belleza lejana, acababa de suicidarse en la casa número 83 de la calle Kepler.

El acta correspondiente se levantó el 10 de marzo de 1955. Gente de su círculo íntimo afirmaría, sin embargo, que Miroslava no murió aquella noche de marzo, que la sobredosis de barbitúricos solo había terminado con lo que, después de sucesivas muertes, había comenzado a morir desde mucho antes, cuando el fantasma del nazismo recorría Europa y ella fue obligada a abandonar a la figura más importante de su infancia: su abuela materna. A mitad de la escapatoria, un pasaporte le reveló que no era, como siempre había creído, hija del médico judío Oscar Stern, sino de un desconocido. En 1939, aquello hizo crisis por primera vez.

«A los trece años sufrió una fuerte depresión e intentó suicidarse. Milagrosamente, la atención médica llegó a tiempo», recordó su padre ante el agente del ministerio público que tomó conocimiento del caso.

En 1944, Miroslava alcanzó un breve periodo de estabilidad, se convirtió en reina del baile Blanco y Negro y —gracias a eso— obtuvo una beca que le permitió estudiar actuación en Estados Unidos. Los resultados del viaje fueron deplorables: allá se enamoró de un piloto cuyo avión fue derribado al final de la guerra y, según lo comprueban veintiséis películas filmadas entre 1946 y 1955, no sacó gran provecho de sus clases.

Hay una larga nómina de actores y actrices, cuyos nombres no citaré aquí, que demuestra que la carencia de facultades histriónicas nunca impidió a nadie abrirse paso en el cine mexicano. En 1946, atraído por la belleza deslumbrante de Miroslava, Gilberto Martínez Solares le ofreció un rol protagónico en *Bodas trágicas* —al lado de Ernesto Alonso, una de las pocas amistades que conservaría hasta el día del suicidio—. Aunque esta película no era precisamente la mejor carta de presentación, entre 1949 y 1954, la joven actriz fue requerida por Roberto Gavaldón, Julio Bracho, Chano Urueta, Emilio Fernández, Julián Soler y Rogelio A. González, quien, al dirigirla en *Escuela de vagabundos*, supo convertir sus carencias en aciertos expresivos: Miroslava había llegado finalmente al público.

En lo sentimental, todo era un desastre. En 1947 se fugó con el director Jesús Jaime Obregón, pero pronto descubrió que este era homosexual. El golpe fue tan demoledor que durante los ocho años siguientes no tuvo una pareja estable. Luego, durante un viaje a España conoció al torero Dominguín. La secretaria de la actriz relató que aquel amor duró solo unas semanas. Ella tuvo que volver a México para filmar *Ensayo de un crimen*, bajo la dirección de Luis Buñuel; unas semanas más tarde, la prensa anunció que Dominguín se había casado con Lucia Bosé, la escultural *Miss* Italia.

De acuerdo con la secretaria, Miroslava intentó arrojarse de un auto en movimiento al conocer la noticia. El ama de llaves dijo que desde aquel día la actriz se encerró en su habitación, «hablando sola y haciendo sonar una campanita de plata». El 9 de marzo de 1955, el ama de llaves fue enviada «por un encargo». «Cuando regresé —dijo—, seguía encerrada en su cuarto y no quise molestarla. Al día siguiente la llamé varias veces, sin obtener respuesta. Entonces tuve miedo de que algo le hubiera ocurrido y hablé por teléfono para pedirle a su papá autorización para entrar en la alcoba».

Para entonces, Miroslava había muerto.

Una llamada anónima condujo a la policía hasta el número 83 de la calle Kepler, en donde ya se encontraba el periodista de espectáculos Isaac Díaz Araiza, amigo íntimo de la actriz. El Güero Téllez notó que la policía obstaculizaba más que nunca el trabajo de la prensa y apuntó que el ama de llaves, «temerosa quizá de que se le tildara de indiscreta», interrumpió sus declaraciones al ver aparecer a la rumbera cubana Ninón Sevilla, «quien se acercó para escuchar la conversación y dio instrucciones a siete policías para que trataran con majaderías a los reporteros».

El cadáver de Miroslava yacía sobre la cama, «vestido con un *négligée* blanco y una bata fresa». Las cartas que tenía en la mano no esclarecían las razones del suicidio. Solo una estaba escrita en castellano y contenía una lista de personas a las que Miroslava debía dinero. Las dos restantes, en checo, las había dirigido a su padre y a su hermano, Oscar e Ivo Stern.

«Perdóname y olvida. No puedo seguir, no tengo valor, gracias por todo y perdona que no tenga suficiente voluntad para vivir», se leía en la primera.

La segunda decía:

> Mi Ivo: [...] Créeme que te quiero terriblemente, pero sería yo solo un estorbo y una vergüenza para ustedes. Yo veo cómo sería esto en el futuro, hasta dónde llegaría yo, y lo que podría hacer yo; tú serás feliz con Elena, y cuando te acuerdes de mí, acuérdate sin remordimientos [...] A papá le causaré dolor pero es mejor así porque en otra forma solo lo mortifico y le creo vergüenza [...] Si te viera no lo podría hacer, por lo tanto, a la distancia, mi incambiable amor por ti y mucha felicidad en la vida contra la cual yo no puedo. Tuya siempre y para siempre. Miri.

La versión que atribuyó el suicidio al matrimonio de Dominguín no tardó en ser discutida. Se dijo que Díaz Araiza, a fin de encubrir «un hecho escandaloso», había ocultado una cuarta misiva, en la que actriz narraba el motivo del suicidio, y había «sembrado» la fotografía del torero, a fin de desviar la atención. Se habló de «inclinaciones lesbianas», de un supuesto amorío con Ninón Sevilla y de «relaciones prohibidas entre la actriz y su hermano». Se llegó incluso a afirmar que Miroslava había muerto en un avionazo, y que el alto político o el hombre de empresa que la acompañaba simuló el suicidio para apagar el escándalo.

Los que sabían la verdad, si acaso había alguna, optaron por el silencio. A su debido tiempo, ellos también se llevaron a la tumba el secreto de Miroslava.

CHECOESLOVAQUIA

A. YAZBEK

Srita. Miroslava Sternova

La señorita Miroslava Sternava, fotografía de A. Yazbek.
«Mexico City Country Club», 1943. Anuario de actividades.

EXISTÍAN OBVIOS CONTRASTES DE ESTILO

LO CALCÓ EXTENSA Y LITERALMENTE

MAGNÍFICAS OCTAVAS REALES

Alfonso Méndez Plancarte, un najerista consumado

1941

LAS TARDES ERAN SEPIA, COMO LOS DAGUERROTIPOS

LA EDICIÓN DE *EL PORVENIR* SIRVIÓ PARA PRENDER LA LUMBRE

UN NIÑO GENIO DE LAS LETRAS MEXICANAS

HA HECHO EN LA VOZ LA DEFENSA DE LA LITERATURA ESPAÑOLA

LA ERUDICIÓN, LA MESURA, EL USO CORRECTO Y PURO DEL LENGUAJE

Dos plagios del Duque Job

El director de *El Porvenir*, José María Vigil, recibió una tarde de 1875 un artículo firmado con el seudónimo de «Rafael». Los tranvías aún eran de mulitas y ni siquiera Edison había soñado con la bombilla eléctrica. Las tardes eran sepia, como los daguerrotipos. Bajo esa luz me gusta pensar en el relato que sigue.

Vigil no pudo averiguar quién era «Rafael». Ninguno de los escritores activos en el último tercio del siglo XIX había usado nunca aquel nombre de pluma. Al director, sin embargo, le agradaron ciertas cosas: la erudición, la mesura, el uso correcto y puro del lenguaje. Decidió publicar el artículo. «Habiendo visto en el número 138 del periódico que tan dignamente redactan, una crónica en que se atribuye a San Francisco de Asís el bellísimo soneto de Teresa de Jesús «A Cristo Crucificado», no puedo menos que tomar la pluma», escribía «Rafael».

Seguía una página que el escritor Alfonso Junco define como entonada y pseudoclásica, en la que menudeaban, «entre otras monedas de ese cuño», términos arcaicos y algo rebuscados: «norabuena», «muy luego».

El artículo no levantó ningún revuelo. La edición de *El Porvenir* correspondiente al 17 de mayo de 1875 sirvió para prender la lumbre o bien para limpiar ventanas. El misterioso «Rafael» entró en la sombra.

Reapareció, sin embargo, seis meses más tarde en otro periódico, *La Voz de México*. En esa ocasión, le enmendó la plana a algún escritor que bajo el seudónimo de «Mingo Revulgo» había acusado, en *El Eco del Otro Mundo*, de extrema pobreza a las letras hispánicas. En las líneas de presentación, «Rafael» anunció que probaría tres cosas: a) «Que la literatura española, lejos, muy lejos de ser pobre, como el escritor de *El Eco* quiere, es, por el contrario, la más rica de las del mundo civilizado»; b) «Que el influjo que los frailes y los conventos ejercieron en España, fue benéfico»; y c) «Que el juicio que de Arolas forma, carece absolutamente de fundamento».

«Ocupareme en este artículo del primer punto, dejando para otro el examen de los subsecuentes», advirtió «Rafael». Y vaya que se ocupó: su defensa de la literatura española es una andanada de citas eruditas, de lecturas desconocidas, de profundo conocimiento de la historia literaria de España.

Mingo Revulgo leyó el artículo e hizo llegar a *El Eco del Otro Mundo* unas líneas en las que prometía responder a «Rafael» en cuanto pudiera volver de un viaje intempestivo. En esas líneas, Mingo Revulgo hizo una revelación que conmocionó a los círculos literarios: «Lo diré muy quedo a riesgo de ofender su modestia: mi incógnito antagonista —escribió— es un joven de quince años y se llama Manuel Gutiérrez Nájera».

La noticia era demasiado gorda como para que los periodistas la dejaran pasar —«Los *reporters* y los moscos no respetan la vida privada», escribió años después Gutiérrez Nájera—. La aparición de un niño genio de las letras mexicanas hizo que en los diarios se desatara un verdadero «revuelo de aplausos y comentos». El periódico *La Iberia*, de Anselmo de la Portilla, destacó:

MANUEL GUTIÉRREZ NÁJERA. Así se llama el joven, casi un niño, que ha hecho en *La Voz* la defensa de la literatura española, contestando a un artículo de Mingo Revulgo publicado en *El Eco*. Este mismo escritor ha sacado a luz en dicho periódico el nombre de su contrincante, que dice ha sabido por una feliz casualidad, y le tributa merecidas alabanzas por su talento, su erudición, su caballerosidad y mesura en la polémica.

Manuel Gutiérrez Nájera, el «Rafael» que escribió el artículo sobre el soneto de Santa Teresa y el relativo a la literatura española, autor también de unas magníficas octavas reales publicadas hace tiempo en *La Voz* sobre la fe cristiana, tiene dieciséis años; es hijo del conocido escritor, amigo nuestro, don Manuel Gutiérrez, redactor de *El Propagador Industrial*, y se ha formado a sí mismo, puesto que su familia no le ha dedicado aún a ningún estudio serio. Esta última circunstancia aumenta el asombro de ver tan vasta instrucción, tan puro y correcto lenguaje, tan recto criterio y sólido juicio en una edad tan tierna, cuando apenas ha tenido tiempo desde que sabe leer, para hojear las muchas obras que parecen serle familiares.

El joven Gutiérrez Nájera ha leído, ha estudiado, ha escrito y ha publicado sus trabajos con el más riguroso sigilo, sin que sus padres, ni persona alguna de su familia, ni nadie en fin, se apercibiera de ello: su padre supo también hace pocos días, por una casualidad, que él había escrito los artículos publicados en *La Voz*.

Esto prueba que ese niño, además de tener un precoz talento fenomenal, posee en alto grado, entre sus bellas cualidades, la virtud de la modestia, esa virtud tan escasa y tan necesaria, sin embargo, para dar realce y lustre a los grandes talentos.

El futuro Duque Job había cruzado con solo dos artículos las puertas del reconocimiento literario. Causó gran sorpresa, sin embargo, que el mismo día de su arribo a la fama el Duquecito anunciara, en una carta dirigida a los redactores de *La Voz de México,* que, «cediendo a los consejos de persona que debo respetar y obedecer», había decidido no entregar la conclusión de su artículo sobre la literatura española. ¡Cuántos misterios rodeaban a aquel niño! El 23 de octubre, *La Voz* publicó el siguiente suelto:

Sentimos que [el joven literato y poeta] Manuel Gutiérrez Nájera no publique ya la segunda parte de su artículo; pero confiamos en que la persona a quien alude (presumimos que es su ilustrado padre) cambiará de parecer y no insistirá en la idea de que quede inédito ese trabajo.

Al cabo de sesenta y seis años de buena opinión y fama, en una serie de artículos publicados en *El Universal* en 1941, al Duque de las letras mexicanas le vinieron a coger, relata Alfonso Junco, «el imperio dedo contra la puerta».

Ese año se descubrió que Gutiérrez Nájera había debutado en la literatura cometiendo un par de plagios «¡con todas las de la ley!».

Sucedió de este modo: en 1940, Alfredo Maillefert preparó un tomo de prosas escogidas: cuentos, crónicas y ensayos de Gutiérrez Nájera. En cuanto el volumen salió de las prensas de la Biblioteca del Estudiante Universitario, Maillefert corrió a mostrárselo al filólogo Alfonso Méndez Plancarte, un najerista consumado. Don Alfonso picó el volumen. Se mostró inquieto y desasosegado. Una frase, un giro, no se sabe qué, lo llevó a revolver nerviosamente sus libreros. Tras largos y angustiosos instantes de búsqueda, Méndez Plancarte depositó en su mesa de trabajo un pequeño volumen y le dijo a Maillefert una frase que en el primer momento sonó increíble: el artículo publicado por Gutiérrez Nájera en *El Porvenir*, en el que atribuía la autoría del soneto «A Cristo Crucificado» a Santa Teresa, había sido copiado de cabo a rabo de un artículo aparecido en 1872 en un diario de Madrid, *La Ilustración Española y Americana*. No quedaba la menor duda: la evidencia obraba en el tomo que tenía entre las manos el padre Méndez Plancarte: se trataba de un plagio «indiscutible, solemne, enorme».

El verdadero autor del artículo era el presbítero José María Sbarbi. Gutiérrez Nájera debió leerlo en alguna de las colecciones hemerográficas que poseía su padre. Tres años más tarde, «considerando que tal vez serían de alguna utilidad mis humildes conceptos», lo calcó extensa y literalmente.

Relata Maillefert que Méndez Plancarte dudó entre revelar un descubrimiento que mancharía el prestigio de uno de sus autores más queridos, «o no decir esta pluma es mía». Optó por lo primero. La revelación se publicó en febrero en la revista *Ábside*.

Durante un largo viaje en tren, también Alfonso Junco había leído la antología realizada por Maillefert. Sintió cierta extrañeza al recorrer una parte específica del volumen. No estaban, confesó después, «las páginas frescas, aladas, efusivas». Tampoco, «la sonrisa, la flor, el tropo». Todo lo que conformaba el ADN del Duque. Cuando su viaje terminó, leyó el artículo del padre Méndez Plancarte. «Quise ver por mí mismo», escribió. Se dirigió a la Hemeroteca Nacional y solicitó periódicos que llevaban setenta años sepultados. Leyó con excitación el artículo en el que «Rafael» hacía la defensa la literatura española. También en este existían obvios contrastes de estilo. La mano que había escrito la introducción no podía ser la misma que desarrolló la parte seria del estudio: «Cosas primerizas, probablemente propias, se mezclaban con cosas maduras, probablemente ajenas». Junco halló de pronto la misiva con la que Gutiérrez Nájera se excusó de publicar la segunda entrega: «Debo decirle que, cediendo a los consejos de persona que debo respetar y obedecer, no la daré a la prensa».

¿Por qué —se preguntó Alfonso Junco— había interrumpido Nájera la consecución de un artículo que le había valido el aplauso unánime? Se respondió: «Porque con intensa probabilidad aquel artículo cojeaba del mismo pie». Imaginó esta escena:

«Se ha descubierto, sin que él lo haya buscado, su nombre».
Aquí interviene, sin duda, don Manuel Gutiérrez [su padre], hombre culto y respetable, escritor también, y llama a cuentas al Duquecito:
—¿Conque eres tú el autor? ¿De dónde has sacado tanto saber?
Apremios, dudas, rubores y, al cabo, la confesión; tras ella, un tirón de orejas y la orden:
—Dale gracias a Dios de que nadie se haya percatado. No publicas ya nada más que no sea tuyo. Te expones (y me expones) a una vergüenza.

No había otra explicación posible. Gutiérrez Nájera suspendía la entrega prometida y el plagio quedaba en familia; como nadie iba a revisar un periódico español publicado tres años atrás, nadie sabría nunca que el repentino prestigio del novel escritor se hallaba cimentado en una mentira.

Esa mentira cobijó la vida del Duque. La leyenda de su prodigiosa irrupción en la literatura fue repetida aquí y allá. En 1893, el periodista Ángel Pola la consignó en un artículo cargado de elogios, en el que Gutiérrez Nájera figuraba como el genio precoz que a los dieciséis años hizo polvo al experimentado articulista Mingo Revulgo.

La verdad quedó dormida exactamente sesenta y seis años. En su inmersión en la hemeroteca, Junco descubrió algo que le hizo querer más que nunca al Duque. En la misma carta en la que anunció que no publicaría la parte final de su artículo, Gutiérrez Nájera envió un poema propio, «Trovas de amor», con la súplica a los editores «de que extiendan su benevolencia a señalarme algunos de sus numerosos defectos». Era un poema hermoso.

Antes de diez años habrían aparecido los versos de los que surgió, íntegra, la poesía mexicana del siglo XX, «La duquesa Job». Nadie lo ha dicho mejor que José Emilio Pacheco: «En cada verso que se ha escrito más tarde en este país, el Duque y su Duquesa espectral danzan, aunque uno ni lo sepa ni lo quiera, un vals sin fin que no se extingue».

La carta encontrada por Junco demostraba que, al final de cuentas, el niño plagiario era un genio.

MANUEL PAYNO

Los lectores de periódicos

EL CAFÉ PAOLI

UN PLATILLO POCO CONOCIDO EN MÉXICO

La musa nuevamente se ha escapado

1 8 4 3

EL SITIO PREFERIDO DE REUNIÓN

ESCAPARATES CARGADOS DE RELOJES, PULSERAS Y OTRAS JOYAS

EL «ÓMNIBUS DE TACUBAYA»

EL PLATO AROMÁTICO QUE LE HAN SERVIDO

¡PERO SI ESE PAPEL NO VALE YA UN COMINO: NO HABLA FUERTE NI DICE PICARDÍAS!

Novedad del bistec

Aquella mañana, Manuel Payno sale a la calle a buscar desesperadamente algo *qué criticar*. Debe entregar esa misma tarde un artículo en el periódico, pero sus compañeros, los chicos de la prensa, se le han adelantado en el arte de destrozarlo todo. No han dejado aquella mañana cosa alguna para él. Camina por las calles polvorientas preguntándose sobre qué escribir:

«Hay entre nosotros muchas costumbres, tales como la de pretender empleos, la de ser ricos de la noche a la mañana, etcétera, pero eso me daría materia para un renglón, ¿y después…?».

Todas las mañanas de los próximos cincuenta y un años va a acometerle la misma ansiedad. Pero él no lo sabe. Por ahora está cansado, aburrido. Decide meterse a un café.

La *Guía de forasteros en la Ciudad de México*, editada en 1842 por Mariano Galván, informa que aquella mañana Payno pudo haber elegido entre el café La Gran Sociedad, en Espíritu Santo número 1; la Fonda Francesa, en la calle del Refugio número 10; el Café Astrea, en la esquina de San José del Real y 2ª de Plateros; el Café de Veroli, en Coliseo Viejo número 11 —que «mejoró el ramo de los helados, pues antes de él solo se conocía la nieve de rosa y de limón de la antigua nevería de San Bernardo; nieve áspera y cargada de azúcar»—; el café del hotel de la Bella Unión, en Refugio y Palma, y el Café del Cazador, en el Portal de Mercaderes número 1.

Por fortuna no eligió ninguno. Esa mañana en la que se halla peleado con el periodismo, Manuel Payno cruza las puertas del Café Paoli, en la 2ª calle de Plateros número 3.

En dicho establecimiento, uno de los más elegantes y concurridos de la capital, se sirve a toda hora un platillo poco conocido en México: el *beff-steak*. Por solo tres y medio o cuatro reales es posible saborear «tan agradable mercancía».

En la 2ª de Plateros número 3 —actual Madero— hoy existe un Centro Joyero marcado con el número 59. Cuesta imaginar, en el tropel de escaparates cargados de relojes, pulseras y otras joyas, las sencillas vidrieras que el joven Payno, de levita y sombrero negro, cruzó hace más de ciento setenta años.

—¿Bistec, señor? —le pregunta un mozo bien aseado, que se acerca con una servilleta, una copa, un cubierto «y una torta de pan».

—Sí, pero recomienda al cocinero que esté blando.

El diálogo queda consignado en el artículo que Payno escribirá esa tarde. Un año antes, durante la Semana Santa de 1842, el periodista se había visto obligado a admitir su rotundo fracaso en la búsqueda de algún asunto. Ese día optó por presentar a los lectores uno de sus cuentos, «El matrimonio».

Ahora, la musa nuevamente se ha escapado. Mientras espera su pedido, Payno se acerca a la mesilla en que descansan los periódicos del día y comienza a revisarlos con enfado.

El café es en el siglo XIX el sitio preferido de reunión. En ellos se reúnen «cócoras» que cuentan anécdotas picarescas, «pollos» que se fingen hombres de mundo, viejos rabo verdes que se presentan dando el brazo a las actrices de teatro y recuerdan todavía «los robos ingeniosos de Garatuza, las chispeantes coplas del Negrito Poeta, los dichos agudísimos de la Güera Rodríguez». Hay jugadores permanentes de dominó y ajedrez, viajeros que beben chocolate para paliar el ajetreo de la diligencia y payos que no salen de su asombro ante las maravillas de la urbe moderna.

Hay también, como han enumerado Joaquín Fernández de Lizardi, Guillermo Prieto y Enrique Fernández Ledesma, caballeros de industria, vagos, desempleados, conspiradores, espías, militares y literatos que siempre declaman al poeta del momento, sea fray Manuel Martínez de Navarrete, Bernardo Couto o Manuel Carpio.

Una especie aparte la constituyen los lectores de periódicos que —informa Clementina Díaz y de Ovando—, el 5 de marzo de 1832 produjeron en *El Sol* la siguiente queja:

Sres. Editores: Concurren a los cafés tan poco cultos, necios o malcriados, que luego que llegan se apoderan de los periódicos como si los hubiesen de leer todos a un tiempo, privando a otros de que ínter ellos leen uno, otros puedan hacerlo con otros.

Mientras hojea los diarios, y pone especial atención a aquel en el que colabora, se le acerca un viejo regordete con antiparras. Tiene ganas de platicar:

—¡Pero si ese papel no vale ya un comino: no habla fuerte ni dice picardías! Es un engaño manifiesto el que quieran hacerle a uno creer que es periódico de oposición —le dice.

Payno finge no escucharlo y regresa a su mesa. Hunde la nariz en el plato aromático que le han servido. A medida que su estómago se llena, se disipa el mal humor del que estaba poseído.

De las puertas del café sale el llamado «ómnibus de Tacubaya», que es en realidad una carretela jalada por mulas en la que caben ocho o diez personas. Como al acabar de comer no halla aún qué hacer y en el ómnibus sobra aún un asiento, decide comprar un boleto.

Comienza el viaje a Tacubaya y los parroquianos parlotean. El periodista mira el paisaje, pero aquel día tampoco está «por lo sentimental». Eso le impide describirnos la ciudad de 1843 y sus frondosos y pintorescos alrededores.

El viaje es un desastre. Payno da varias vueltas a la plaza de Tacubaya sin hallar de qué escribir. De mal humor, y «con un cielo de plomo y un viento húmedo y desagradable», vuelve a meterse en el ómnibus y regresa solo a México.

Para cumplir con el editor de *El Siglo Diez y Nueve*, se inventa un diálogo en el que el ómnibus le cuenta los secretos de los pasajeros que han viajado en él. Tal vez tenía razón el viejo de las antiparras que aquella mañana gruñó:

—¡Nada traen esos papeles que merezcan la atención!

Porque su artículo es un fracaso. Y sin embargo, entrega un dato útil a la historia de la cocina. La fecha en que apareció en México la novedad del bistec.

¿Tiene usted buen olfato? indicaba la publicidad del año de 1907 del gran Café Colón, del Paseo de la Reforma, uno de los sitios de reunión más populares de la época; hoy en el lugar se encuentra el hotel Le Méridien, a unos pasos de la Glorieta de Colón, que le diera nombre al famoso sitio.

LE TOMÓ TRES HORAS PASAR POR REFORMA

UN GRITO UNÁNIME LLENÓ TODOS LOS AIRES

Titulares esquizofrénicos

MEDIO MILLÓN DE HABITANTES

El «temblor maderista» resultó infinitamente más letal

1 9 1 1

SEPULTADOS BAJO LOS ESCOMBROS

UN DÍA DE REGOCIJO PATRIÓTICO

VEINTIDÓS CALLES DE LA METRÓPOLI

PANTALÓN A RAYAS

UN DÍA DE FIESTA

El terremoto con el que entró Madero

7 de junio de 1911. Uno de los días más extraños del que sería un siglo excepcional. Con pocas horas de diferencia llegaron a la capital Madero y la revolución triunfante, y el peor terremoto de cuantos habían ocurrido en los últimos cincuenta años. La ciudad de México se convirtió en dos. Una parte era luminosa. La otra, oscura. Por un lado: fiesta, vivas, desfiles. Por el otro: llanto, tragedia, ayes de dolor.

Los periódicos se vieron obligados a insertar, al día siguiente, titulares esquizofrénicos. La primera plana de *El Imparcial* tenía dos «bajadas»: «Angustioso despertar de la ciudad. El temblor de ayer no ha tenido precedente» y «Ayer fue para la capital un día de regocijo patriótico». En la misma plana había fotos que mostraban muertos y escombros, y fotos donde aparecían muchedumbres eufóricas que aclamaban al líder de la Revolución que había puesto punto final a la larga dictadura porfirista.

Qué día más enloquecido aquel. Manifestaciones jubilosas y oraciones fúnebres. Sonrisas que contrastaban con el llanto de los familiares de los muertos.

A dos semanas de la huida sigilosa de Porfirio Díaz, la Ciudad de México velaba armas, temblaba de emoción ante la entrada inminente de Madero. Se esperaba un día de fiesta. Pero a las seis de la mañana, la maldita tierra crujió. «Fue espantoso el ruido de los muros al venirse por el suelo», reseñó *El Imparcial*.

En veintidós calles de la metrópoli «se levantó el pavimento». En avenida Chapultepec estallaron las cañerías de agua potable. El cuartel de Artillería

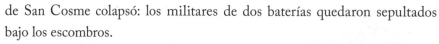

de San Cosme colapsó: los militares de dos baterías quedaron sepultados bajo los escombros.

Nadie, a excepción de unos cuantos viejos, recordaba un temblor de tal intensidad: el último había venido en 1845, el día de San Epifanio. El «temblor maderista», sin embargo, resultó infinitamente más letal. Doscientas casas colapsaron o sufrieron cuarteaduras en Santa María la Ribera. El servicio de energía eléctrica se desplomó. Corrían noticias de gente sepultada en viviendas de Peralvillo, Guerrero, San Rafael, Santo Tomás y el centro de la capital. El Palacio Nacional, el Instituto Geológico, la Escuela Nacional Preparatoria, la cárcel de Belén, la Normal de Maestros y el Palacio Penal registraron desplomes.

Los periódicos hablarían al día siguiente del «fúnebre amontonamiento de cuerpos llenos de polvo amasado en sangre», de «cadáveres horrorosamente machacados», de «bocas con dentaduras quebradas», de «ojos trágicamente saltados de las órbitas», de montañas de escombros «de los que sacaban un muerto, y otro, y otro más».

Y sin embargo, en menos de dos horas, aquel horror quedó atrás. A las ocho de la mañana parecía que el terremoto había ocurrido en 1845. Las calles cobraron «el aspecto de los grandes días». Las fachadas cuarteadas de las casas se adornaron de pronto con flores de colores y tumultuosas guirnaldas. Carruajes y automóviles cubiertos con motivos patrios se dejaron ver por Reforma, avenida Juárez y San Francisco.

Una hora más tarde no cabía un alfiler en las calles por las que Madero iba a pasar. La ciudad quería conocerlo, aclamarlo. La gente comenzó a trepar a estatuas y monumentos. Un reportero vio a varios ciudadanos encaramados en el brazo extendido de Carlos IV y en la cabeza broncínea de Colón. El embotellamiento que se desató en el Centro fue calificado de infernal.

La Ciudad de México tenía medio millón de habitantes. Cierto diario calculó que trescientas mil personas se habían volcado en las calles. Una ola humana imposible de contener rodeaba la estación de tren de Colonia —situada donde hoy se encuentra el Monumento a la Madre—. Emiliano Zapata y su ejército procuraban mantener el orden dentro de la estación: habían jurado «darle garantías al líder». Con un severo traje de luto, Carmen Serdán aguardaba en el andén con un ramo de flores en la mano.

Había bandas de música, delegaciones de estudiantes, clubes políticos que se aprestaban a tomar parte en el desfile. Un periodista de el *Diario del Hogar* apuntó con sorna que de un momento a otro los habitantes de la capital se habían trastocado en furibundos maderistas: los que un mes atrás vivían en las antesalas porfiristas, ahora «lanzaban oprobios contra aquellos a quienes antes iban a rendir sumisión incondicional».

Gente que no conocía el olor de la pólvora —y había pasado el periodo de la lucha armada sin poner un pie fuera de la ciudad— se paseaba ahora con el traje caqui de los maderistas y un rifle Winchester en la mano.

El tren que todos esperaban arribó a la estación a las 12:18. Con un semblante en el que «se retrataban los sufrimientos de la campaña», Madero apareció, apoyado en la barandilla trasera del carro 3304. Vestía sombrero de bola, jaquet negro y pantalón a rayas. Lo acompañaban Giuseppe Garibaldi, Juan Sánchez Azcona, su hermano Gustavo y su esposa Sara.

«Un grito unánime llenó todos los aires», «cayó sobre él una intensa lluvia de flores naturales». El tumulto fue indescriptible. «Hay cosas que no se pueden relatar: necesitan verse», escribió un reportero. Fueron tantas las apreturas y los empujones, que al mismo embajador de Cuba le robaron el reloj de bolsillo.

Los zapatistas tuvieron que arremeter contra la multitud para que Madero pudiera abordar el coche «a la Dummont», tirado por cuatro caballos blancos y guiado por palafreneros de peluca blanca y medias de seda, que lo esperaba a las puertas de la estación. Más tarde se criticó que el caudillo de la democracia entrara en la ciudad con lacayos empelucados y un coche enjaezado al estilo de los monarcas.

En aquel momento, sin embargo, a nadie le importó. «El entusiasmo rayó en locura», «jamás habíamos visto cosa semejante en México», «la recepción del señor Madero solo puede compararse con la que se le hizo a Benito Juárez», sentenciaron los reporteros.

A Madero le tomó tres horas pasar por Reforma, doblar en Patoni —avenida Juárez— y seguir de largo hasta San Francisco —hoy Madero—. No dejaron de caerle encima confetis y serpentinas. Balcones y azoteas lucían «henchidos de público». Los hermanos Casasola oprimían sin parar el obturador de sus cámaras. «¡Qué pequeñito es Madero!», murmuraba la gente.

De todo aquello, solo quedan unas fotos. El caudillo inclina la cabeza, agita el sombrero, estrecha las manos que se extienden hacia él ansiosas. En Palacio Nacional fue obligado a asomarse al balcón tres veces. Afónico por los discursos que había pronunciado en su lento trayecto a la Ciudad de México, no pudo decir palabra. Dos años más tarde, los mismos que lo aclamaban iban a celebrar, bailando en las plazas, su asesinato. Mientras tanto, se cantaba el himno, se tronaban cohetes.

Había quedado escrito que, en adelante, las cosas serían como en ese amanecer: tragedia, muerte y la breve promesa de algo distinto.

CASA DE LA MARQUESA DE ULUAPA

5 de Febrero número 18

EN EL ÚLTIMO DE SUS RINCONES GUARDABA UN TESORO ÚNICO

LOS HERMANOS RIVERA CALDERÓN

La casa del alférez

1 7 6 6

EL GRAN MOTIVO ORNAMENTAL EN LA CIUDAD

SEIS TABLEROS DE AZULEJO

SE LLAMÓ GERTRUDIS ESTEPHANIA

«VECINO DEL COMERCIO»

SU TESORO ESTÁ A PUNTO DE PERDERSE

La última oportunidad de «Doña X de los Ríos»

Digamos que las manos me sudaban cuando atravesé el antiguo portón de madera de la casa ubicada en 5 de Febrero número 18. A principios del siglo XX, el arquitecto Eduardo Macedo sostuvo que aquella casa había pertenecido a la marquesa de Uluapa. Manuel Romero de Terreros lo desmintió; en tono un tanto malhumorado, precisó que «esta señora ni la construyó ni vivió en ella jamás».

En casi todos los libros, sin embargo, se le sigue nombrando así: «Casa de la Marquesa de Uluapa».

Yo llevaba años intentando conocerla. Diré por qué: sabía que en el último de sus rincones guardaba un tesoro único. Algo que, según un folleto antiguo, no es posible ver «en ninguna casa habitación de la Ciudad de México ni de la misma Puebla».

Aquella tarde conseguí entrar.

La casona de 5 de febrero número 18 tiene una historia antigua. Comienza en los años posteriores a la Conquista, cuando Hernando de Ávila y su esposa, Gerónima de Sandoval, alzaron un palacio en ese sitio. Con el tiempo cambió de manos: se diría que comenzó a rodar. Quedó en poder de una archicofradía, la del Santísimo Sacramento, y luego perteneció a un tal Diego Calderón de Benavides.

En 1756 estaba escriturada a nombre de unos impresores, los hermanos Rivera Calderón, quienes la vendieron a «un vecino del comercio»: el alférez Nicolás Cobián y Valdés.

Cobián estaba lejos de ser aristócrata: no hay rastro de escudos ni blasones en la residencia que adquirió. Pero como «vecino del comercio» de la Ciudad de México debía irle muy bien, pues derribó la vieja casa de Hernando de Ávila, para entonces en ruinas, y construyó la espléndida residencia con fachada de cantera labrada que dos siglos y medio más tarde sigue invitando al asombro —hay tardes en que parece que toda la luz del mundo viene a resplandecer sobre sus piedras claras.

La casa del alférez fue terminada en 1766. En ese tiempo, el gran motivo ornamental en la Ciudad de México era el azulejo, que acompañaba de manera obligatoria todo despliegue constructivo. El gusto por este material delicado, y por su gama de colores vidriados, inundó pronto cocinas y baños novohispanos. En una ciudad hecha toda de tezontle y cantera, auspició también lo que Salvador Novo consideró un acto de *striptease* arquitectónico: el surgimiento de la famosa Casa de los Azulejos, que arrancó a la talavera poblana de su pudorosa intimidad y la exhibió pública, impúdicamente, en la entonces calle de San Francisco, la más rica y significativa de la urbe.

Un rico vecino del comercio no podía prescindir, desde luego, de aquellos codiciados trozos de cerámica. Don Nicolás Cobián ornamentó los corredores de su nuevo domicilio con azulejos, semejantes, en el tono y el estilo, a los que iluminaban en San Francisco la casa de los condes del Valle de Orizaba.

Pero don Nicolás hizo algo más. Algo con lo que no soñaron nunca los opulentos condes. Ordenó que se estampara en las paredes el retrato en azulejo de su esposa y su séquito de esclavos y sirvientes: una verdadera «fotografía» virreinal destinada a recalcar, según cree la historiadora Leonor Cortina, el estatus que la familia había alcanzado.

Tal vez nunca pasó por la cabeza del comerciante que con aquel gesto de vanidad estaba enviando al futuro un documento único sobre la vida doméstica del virreinato.

En seis tableros de azulejo quedaron plasmadas las imágenes de un cocinero, una lavandera, un lacayo, un jardinero —algunos de ellos de origen africano—, así como la de la señora de la casa; Manuel Romero de Terreros la llamó, en 1939, «Doña X de los Ríos», pues solo logró obtener su primer apellido. Hoy se sabe que la dama que atravesó los siglos para presentarse ante nosotros se llamó Gertrudis Estephania —el dato fue localizado por el historiador Francisco García.

No había logrado entrar jamás y ahora subía por la antigua escalinata. En unos minutos me sería dado contemplar aquella joya única. Después de tantos años, todo era cosa de trepar unos peldaños.

En 1866, Refugio San Román de la Cortina heredó la casa. El edificio se convirtió más tarde en vecindad. Los valiosos tableros fueron arrebatados de su sitio original. A alguien se le ocurrió, tal vez como una manera de preservarlos, que fueran empotrados en las paredes de un cuarto estrecho y sin luz.

Cuando llegué hasta ahí no podía creer lo que vi. Ahí estaba, doscientos cincuenta años después, lo que no era posible contemplar «en ninguna casa habitación de la Ciudad de México ni de la misma Puebla». Algo que solo existía aquí, en un viejo palacio de la calle 5 de Febrero.

Apenas mis ojos se acostumbraron a la oscuridad, la emoción de hacía unos segundos se trastocó en rabia. A «Doña X», es decir, a Gertrudis Estephania le habían robado el azulejo en el que tendría que estar su rostro. Advertí que los tableros que contenían al resto de los personajes se encontraban quebrados, fracturados, sucios. Manchados por la incuria y por los siglos.

La casa es de una empresa, fabricante de toallas, que ha sabido mantenerla como si el alférez Cobián la acabara de construir. Pero su tesoro está a punto de perderse.

Cuando eso ocurra, se habrá cumplido otra vez la verdadera maldición de la Ciudad de México, esa que le obliga a destruir lo único para quedarse con lo que es posible hallar en cualquier parte.

Tomé algunas fotos. Pensé que en una ciudad así aquella podía ser la última vez que contemplara aquel tesoro.

Bajé por la escalera, regresé a 5 de febrero y fue como si la calle me diera una bofetada.

JOSÉ EMILIO PACHECO LA FIJÓ MISTERIOSA Y OSCURA

EL MUNDO ILUSTRADO

SE LLEVÓ TODO AQUELLO

Un amasijo de construcciones desproporcionadas

2 0 0 4

LA PRIMERA NOVELA SOBRE LA ROMA, *LA RUMBA*

LA ESPECULACIÓN INMOBILIARIA ENCONTRÓ EN EL CASCAJO UN CALDO DE CULTIVO ADECUADO

MÁS VIVA Y ACASO MÁS COLONIA QUE NUNCA

DAVID ALFARO SIQUEIROS

LA ROMA SURGIÓ DE LOS ESCOMBROS

La Roma, ojerosa y pintada

Rafael López la conoció cuando era una de esas nuevas colonias metropolitanas que no habían proscrito de sus calles la costumbre del árbol. En un artículo publicado en *El Mundo Ilustrado,* en 1913, le declaró su desprecio: «No es ni abiertamente elegante ni francamente burguesa. Es una colonia de transición. Dicen que viven en ella los ricos que han venido a menos y los pobres que van a más».

José Emilio Pacheco la fijó misteriosa y oscura, sumergida en una decadencia anticipada que al final de los años cuarenta obligó a las buenas familias a desertarla: «En aquellos años la habitaban árabes y judíos y gente del sur: campechanos, chiapanecos, tabasqueños, yucatecos». En 1979, José Joaquín Blanco escribió su epitafio, la última crónica significativa antes del temblor. La colonia, antiguamente engalanada con casas y palacetes porfirianos, por suntuosas construcciones del Art Noveau y del Art Déco, se había convertido entonces en un amasijo de construcciones desproporcionadas y «en un pulular de gente y coches entre hoteles, baños, academias comerciales, gimnasios, fondas y taquerías, bodegas, cafés de chinos; refaccionarias, dentistas, sanatorios, billares, oficinas públicas, estacionamientos, misceláneas paupérrimas, agencias automotrices y peluquerías».

Así la halló el terremoto que en 1985 la hirió de muerte. El sismo que en cosa de un minuto se llevó todo aquello: árabes, judíos, campechanos, chiapanecos, tabasqueños y yucatecos; el pulular de gente que la habitaba huyó de sus vecindades golpeadas, sus esquinas vueltas ruinas, sus palacetes semiderruidos. Cómo dolía la Roma de aquellos años. Las calles de Ramón

López Velarde, de Antonieta Rivas Mercado, de David Alfaro Siqueiros, de Leonora Carrington y tantos otros inquilinos ilustres, quedaron reducidas a un amontonadero de escombros: cerca de doscientas construcciones se transformaron en ruinas. Entre el cascajo, el olor a muerte y los hierros retorcidos, el valor del suelo se derrumbó; oleadas de invasores cayeron sobre los predios: «Este edificio está protegido por la Asamblea de Barrios».

Los antiguos potreros de la condesa de Miravalle volvieron a ser el reino de la desolación que «Micrós» había descrito, mucho antes de que los terrenos fueran fraccionados —y poblados por los sueños arquitectónicos de Francisco Serrano y Manuel Gorozpe—, en la primera novela sobre la Roma, *La Rumba*: una geografía de la depauperización, controlada por la miseria, el hampa, la basura, el rencor social y los giros negros.

Y sin embargo, aunque las heridas no cerraron nunca, con los años, lentamente, regresó el pulular de gente. En la primera década del siglo XXI, la especulación inmobiliaria encontró en el cascajo un caldo de cultivo adecuado. Misteriosamente, la colonia Roma se renovó. En 2004 eran visibles, en el marco de parques y fuentes, cafeterías, bares, fondas, bistrós, restaurantes, *lofts*, edificios melancólicos y construcciones falsamente neoyorkinas. Suma de hoteles, gimnasios, tiendas, librerías de viejo, refaccionarias, dentistas, sanatorios, billares, taquerías; la Roma surgió de los escombros, se alzó entre las cenizas. Como la encontró Rafael López, sigue siendo indecisa. Como la vio Pacheco, sigue sembrada de calles misteriosas. Con sus edificios hundidos y sus calles desniveladas, con las cicatrices del golpe todavía visibles en sus rincones, la Roma centenaria, ojerosa y pintada, es hoy más viva y acaso más colonia que nunca.

«MISTERIOSAMENTE, LA COLONIA ROMA SE RENOVÓ. EN 2004 ERAN VISIBLES, EN EL MARCO DE PARQUES Y FUENTES, CAFETERÍAS, BARES, FONDAS, BISTRÓS, RESTAURANTES, *LOFTS*, EDIFICIOS MELANCÓLICOS Y CONSTRUCCIONES FALSAMENTE NEOYORKINAS».

«ESTA FUE LA PRIMERA CALLE DE LA CIUDAD QUE TUVO ALUMBRADO PÚBLICO»

¿CÓMO HABRÁN SIDO LAS NOCHES ANTES DE QUE EL ALUMBRADO LLEGARA?

Un farol en la mano

LOS VECINOS NO QUERÍAN EXPONERSE A LOS PELIGROS DE LAS TINIEBLAS

Todos los comercios quedaban cerrados

1 7 8 3

FAROLES DE TRECHO EN TRECHO

HISTORIA DE LA METRÓPOLI

ARTEMIO DE VALLE ARIZPE

LA ÚNICA DUEÑA DE LA RÚA, SILENCIOSA Y DESIERTA

¡QUÉ TIEMPOS!

Un recuerdo de la luz

ay algo en ese aviso que hace que los caminantes se detengan a mirarlo: «Esta fue la primera calle de la ciudad que tuvo alumbrado público. 1783». El anuncio se halla en República de Uruguay, dentro de una placa de talavera.

Uruguay es la calle de la vieja leyenda colonial que habla de un asesino nocturno que, antes de hundir la daga, preguntaba a sus víctimas: «Disculpe su usía, ¿sabe qué horas son?». La leyenda de don Juan Manuel, con sus sombras, su río de sangre y sus apariciones diabólicas resulta menos atractiva, sin embargo, que el relato escondido en las doce palabras que la placa enmarca. ¿Cómo habrán sido las noches de México antes de que el alumbrado llegara a iluminarlas en 1783?

«¡Qué tiempos!», exclama en la crónica correspondiente don Luis González Obregón. «La ciudad presentaba un aspecto silencioso y lúgubre [...] los vecinos que no querían exponerse a los peligros de las tinieblas, se retiraban a sus casas al toque de queda».

«No había más luz que la tembloreante y débil de las lamparillas de aceite que encendía la piedad ante los nichos de los santos [...] En las primeras horas nocturnas lanzaban las tiendas hacia la calle su cuadrilátero iluminado; al toque de Ánimas, ocho de la noche, todos los comercios quedaban cerrados, con lo cual la sombra era ya la única dueña de la rúa, silenciosa y desierta», relata don Artemio de Valle Arizpe.

En 1585 se publicó el bando que impuso uno de los primeros toques de queda en la historia de la metrópoli: los vecinos debían encerrarse en sus casas a las diez de la noche. Si alguno se veía obligado a salir después de aquella hora, era necesario que él o sus criados llevaran un farol en la mano. González Obregón se sorprende de que tal estado de cosas se haya mantenido inalterable durante más de dos siglos. Ni al gobierno ni a los vecinos de la metrópoli les pareció necesario apartar las sombras.

En 1762, un corregidor llamado Tomás de Rivera Santa Cruz ordenó que los vecinos colocaran faroles de vidrio en cada balcón y cada puerta, con una luz que debía durar hasta las once de la noche. Nadie acató la orden, porque el bando disculpaba a los pobres «que para cumplir con el mandato tuvieran que quitar el mantenimiento de sus familias». Manuel Orozco y Berra afirma que todos los vecinos se sintieron dispensados, por lo que la ciudad quedó como antes.

En la calle de don Juan Manuel, la Uruguay de nuestros días, se alzaron algunas de las casas más ricas de México. Ahí vivió espléndidamente el conde de la Cortina hasta su quiebra. Ahí situó Manuel Payno el severo palacio del rico conde del Saúz, personaje de la inolvidable novela *Los bandidos de Río Frío*. Los habitantes de aquella calle eran tan acomodados que una buena noche, a sus propias expensas, colocaron faroles de trecho en trecho y dejaron la calle, como se decía entonces, «bien aluzada».

No existe una placa que les haga justicia, pero lo mismo hicieron los vecinos del Coliseo —16 de Septiembre— y San Agustín —el tramo de Uruguay que corre entre Bolívar e Isabel la Católica.

Las autoridades volvieron a ordenar, en 1785, que se colocaran hachones frente a «las boticas, pulperías, cacahuaterías, panaderías, vinaterías, tocinerías, casas de juego de trucos, mesones y casas de vecindad», pero solo se logró alumbrar el palacio virreinal y algunas pocas calles. El Cabildo estaba tan desesperado ante la negligencia de los vecinos, que amenazó con despojar de sus casas y expulsar de los barrios a los «inútiles y nocivos».

Y sin embargo, las cosas no cambiaron en los siguientes cinco años. En 1790 llegó al virreinato el segundo conde de Revillagigedo. En menos de seis meses impuso una contribución sobre las cargas de harina que llegaban a la ciudad y con el dinero recaudado mandó hacer varios centenares de faroles. Revillagigedo fue el creador del romántico ejército de vigilantes nocturnos encargados de alumbrar la noche: los serenos, seres vivientes que pertenecen a la familia de los búhos, según la definición que dio el cronista Manuel Rivera Cambas.

Valle-Arizpe explica que al año siguiente «el alumbrado estaba ya en todas las calles, y, lo había hasta por los más solitarios arrabales».

Un recuerdo de la luz: todo un mundo contenido en una placa de talavera.

LA CIUDAD DE SUS DÍAS Y DE SU SEMEJANZA

«LO POPULAR Y NO TANTO»

Típico chilango

«QUIÚBOLE MANIS»

El género Carlos Monsiváis

2 0 1 0

LA LOCALIZACIÓN HISTÓRICA DE LOS LOGROS, LOS TRAUMAS Y LAS ASPIRACIONES

CULTÍSIMO, ENTERADÍSIMO, UBICUO, MORDAZ, MEMORIOSO

LOS OBJETOS CULTURALES MÁS DIVERSOS

POSREVOLUCIÓN AL DESARROLLO ESTABILIZADOR

EL HUMOR Y UNA FINÍSIMA IRONÍA

Nuestra ciudad suya

I. EL GÉNERO CARLOS MONSIVÁIS

«Sucede a veces que solo percibimos las calidades secretas o entrañables de una ciudad por el amor —necesariamente público— que alguno, que algunos le profesan». La frase con que Carlos Monsiváis inició en 1975 su ensayo dedicado a Salvador Novo, le podría ser aplicada a él mismo. Porque esa frase definiría, con la contundencia de una tirada de dados, la búsqueda que atraviesa el grueso de su obra —de *Amor perdido* a *Los rituales del caos*; de *Escenas de pudor y liviandad* y *Entrada libre*, digamos, al último de sus libros, *Apocalipstick*—: la Ciudad de México como el gran personaje de sí misma; el hallazgo de paisajes y de atmósferas con los que establecemos un lazo personal; la localización histórica de los logros, los traumas y las aspiraciones; el descubrimiento de los ritos cotidianos que conforman las señales particulares de la ciudad.

En la autobiografía que se le pidió escribir cuando tenía veintiocho años, Monsiváis detalla la fascinación que «lo urbano», como banco de imágenes incesantes, le provocó desde la infancia, «en los albores de la Conquista del Viaducto»:

> Desde siempre he visto al Distrito Federal no como una ciudad, en el sentido de un organismo al que se pueda pertenecer y por el que se puede sentir orgullo, sino como Catálogo, Vitrina, Escaparate, y

muestrario de librerías, cines y taquerías. Típico chilango (es decir, exorcizado por el «quiúbole manis», domado totalitariamente por los Zócalo-San Lázaro, disciplinado totalitariamente por los «peseros», llevado a la madurez al cambiar la cita en Tacuba y Palma por el *date* en Génova y Hamburgo), mi vocación de butaca se ha ejercitado en forma casi exclusiva en México y frases cabalísticas como «otros tres de pollo, por favor» tienen siempre el poder de estremecerme.

Hoy lo consideramos el gran inventor y divulgador de la ciudad de sus días y de su semejanza. A diferencia de Salvador Novo, que como cronista eligió el espacio que las élites habitaron de la Posrevolución al Desarrollo Estabilizador, en Monsiváis el territorio intransferible fue el de «lo popular y no tanto». No podía ser de otro modo: la famosa Ciudad de México ejercida por Novo comenzaba a disolverse, según el propio Monsiváis, en «una acumulación de almas, edificios y cuerpos a la deriva».

El México de fines de los cincuenta miró con asombro la irrupción de Monsiváis, el comienzo de su visibilidad eterna. Tres días después del terremoto que echó por tierra el Ángel de la Independencia, José Emilio Pacheco recibió una llamada que lo sobresaltó: Monsiváis lo invitaba a escribir en la revista universitaria *Medio Siglo*, lo citaba en el café de la Facultad de Filosofía y Letras.

—¿Cómo puedo reconocerlo, señor Monsiváis?

—Llevaré un clavel rojo en la solapa.

«Aquel encuentro iba a cambiar mi vida y a convertirme en escritor», recordó años después José Emilio. Cultísimo, enteradísimo, ubicuo, mordaz, memorioso, poblado de citas, frases y ocurrencias, Monsiváis trabajaba entonces en la invención del personaje Carlos Monsiváis. Escribió José Emilio: «Los cafés que ya no existen —el Kikos, el Chufas, el Palermo, el Sorrento— resultaron el taller literario en que sin saberlo tomé clases particulares con Monsiváis». Gracias «a la severa lista de lecturas» que este le impuso, Pacheco pudo pasar, en un solo año, «de la edad de las tinieblas al paleolítico».

A partir de los años sesenta, el «joven sabio» encontró una estética —en mucho se la debió a Susan Sontag— que desde el motor de una escritura tumultuosa, única, zanjó las diferencias entre la alta cultura y los fenómenos populares y de masas. ¿Hasta qué punto fue Monsiváis el responsable de la revaloración de Gabriel Vargas, Gabriel Figueroa, el Indio Fernández, entre otras instituciones del siglo XX?

Muchos dirán que no fue responsable de nada, pero la leyenda le allega patentes —que luego son corroboradas en sus libros.

Desde que comenzó a colaborar en el suplemento *México en la Cultura*, que dirigía Fernando Benítez, hasta los días cercanos a su muerte, ocurrida en junio de 2010, Monsiváis tuvo el atrevimiento de reunir, en crónicas y ensayos, los objetos culturales más diversos. Se atrevió también a introducir el humor y una finísima ironía, en el valle de lágrimas y de solemnidades suntuosas que acostumbraba ser la literatura mexicana. Durante más de medio siglo derramó en periódicos, revistas, suplementos, libros, prólogos, programas de radio, presentaciones de libros y segmentos de televisión lo que Octavio Paz llamó «el género literario Carlos Monsiváis». De ese modo refrendó la imagen del intelectual como figura pública —adoptó banderas de lucha centrales en nuestro tiempo— y fijó una idea de la historia, del país, de la ciudad, de la cultura, cuyo sedimento se halla en los lugares comunes que desde hace tiempo ¿todos?, ¿muchos?, frecuentamos. Como ocurre solo con los clásicos, Monsiváis se volvió un escritor al que es posible citar sin haber leído —he aquí otro lugar común.

Se ha dicho que desde sus hallazgos y sus descubrimientos, incluso desde los mitos que construyó algunas veces de modo arbitrario, Monsiváis «intervino» la ciudad para moldearla en nuestras percepciones. Si una ciudad vive y se sobrevive en sus amantes, entonces también puede decirse del género Carlos Monsiváis lo que Carlos Monsiváis dijo de Novo: su aportación mayor consistió en nombrar a la Ciudad de México hasta volverla «ella», la ciudad nuestra. Porque, ya lo escribió Wallace Stevens, la gente no habita una ciudad: habita solo sus descripciones.

II. AUTORRETRATO CON GATO EN PORTALES

En 1989, Armando Ayala Anguiano me envió a hacer una semblanza de Monsiváis que se iba a publicar en la sección «Señoras y Señores» de la revista *Contenido*. Puesto que dicha sección prescindía del formato pregunta-respuesta

—Ayala aspiraba a que sus reporteros hicieran retratos capoteanos—, consideré innecesario llevar una grabadora a la cita. Monsiváis, que era todo frases, reparó de inmediato en la ausencia de esta herramienta del periodismo y, en vez de resignarse a perder la tarde dictándole a un periodista novel, arguyó con amabilidad que por el momento se hallaba un poco «lento» y pidió que le entregara las preguntas por escrito.

Yo tampoco llevaba preguntas. Solo tenía en mente un conjunto de temas por los que esperaba llevar la conversación. Sintiéndome profundamente miserable —¡dos fallas en la misma tarde!—, desprendí de la libreta una hoja llena de enmendaduras. Se la entregué —Monsiváis acariciaba un gato gordo que había ido a sentarse en sus piernas— y salí a la calle. Caminé por Portales con impotencia, cólera, vergüenza, toda la furia de mis ¿veinticinco años?

Al día siguiente, a las dos de la tarde, me entregó en la puerta de su casa las respuestas. Aquel cuestionario no se publicó, porque a partir de él, Ayala Anguiano me ordenó hacer «una semblanza». Se quedó en un cajón muchos años.

Es un retrato de Monsiváis hecho por él mismo. Un *Autorretrato con gato en Portales*. Ahora que él ha muerto, quiero que forme parte de este libro, de la ciudad descrita en este libro:

I. *LOS AÑOS VERDES. NIÑEZ, ADOLESCENCIA*

R: A pregunta insinuada, respuesta telegráfica: niñez libresca, desarrollo de sentimientos de marginalidad —motivo: religión protestante—, escuelas públicas con maestros cardenistas y comunistas, ingreso en la Juventud Comunista —incomprensión del marxismo que persiste hasta la fecha—, lecturas obligadamente caóticas, incomprensión de toda realidad ajena a los libros, radicalización sentimental, preparatoria en el barrio de San Ildefonso, precoz descubrimiento del sexo en el estudio de *México a través de los siglos*. Convicción prematura de que origen religioso no permitirá arribar a Primera Magistratura, convicciones ideológicas nutridas en la audición mística del *Hit Parade*, posposición hasta la edad madura de enamoramientos adolescentes.

2. *EL «JOVEN SABIO». LECTURAS, EXPERIENCIAS*

R: Ignoro si ese «Joven Sabio» existió alguna vez. De lo que puedo dar fe es de mis atmósferas predilectas: las bibliotecas semivacías de las escuelas; las librerías de viejo; el cine Estrella con su programación doble de la MGM, que me permitió entender la grandeza de la comedia musical; el cineclub del IFAL, donde aprendí el aburrimiento estoico contemplando ciclos de cine francés «poético»; el teatro Margo, donde el mambo me electrizó y me recordó que en materia de bailes yo era paralítico; Santa María la Redonda a partir de las once de la noche; la literatura anglosajona —de Wilde a Isherwood pasando por George Eliot—; la militancia política, que básicamente consistía en reuniones eternas en las que nos preparábamos con valentía para otras reuniones eternas; el aprendizaje de la cultura priista por contagio; la lectura de la historia, que seguía como fanático de una serie de episodios.

3. COORDENADAS IDEOLÓGICAS

R: Fui y creo seguir siendo liberal radical, o demócrata liberal. Nunca he sido marxista deliberadamente aunque, como todos en México, soy culturalmente una mezcla de marxismo, agnosticismo —hasta semanas antes de la muerte—, cristianismo —hasta una semana después de la muerte—, fe individualista y certezas socialistas. Como nunca fui marxista —le tuve miedo a tanta doctrina—, nunca me resultó convincente mi dogmatismo, y si de algo tengo que arrepentirme, es de no tener demasiado de qué arrepentirme, en lo que a convicciones se refiere. Sostengo ahora, con los matices y reacomodos indispensables, lo mismo que sostenía hace treinta años. No creo en los regímenes de fuerza, ni en el autoritarismo, ni en que una persona decida por todas, ni en la impunidad de la clase gobernante, ni en la pobreza como hecho natural, ni en la aristocracia mexicana —pulquera o presupuestera—, ni en el sacrificio de las generaciones en medio del glorioso bien de quienes le imponen a los demás los sacrificios. Y soy más optimista ahora que hace treinta años, porque ahora sé que los malvados, los explotadores, los represores, solo tienen éxito y felicidad mientras viven —antes creía que en el Cielo también reprimían las manifestaciones de protesta.

4. LA VOCACIÓN DEL PERIODISMO

R: Me inicié en el periodismo cultural en *Medio Siglo*, revista estudiantil que dirigían Porfirio Muñoz Ledo y Fernando Zertuche, en *Estaciones*, que dirigía el doctor Elías Nandino, y en el suplemento *México en la Cultura* de *Novedades*, que dirigía Fernando Benítez, de quien he sido y seré colaborador permanente. Gracias a las revistas conocí el medio intelectual, a los *cuatrocientos cultos* de la época, un medio homogéneo y con altísima vida social. Y gracias a Fernando Benítez aprendí —digo, es un decir— el significado del periodismo cultural, que en los años cincuenta todavía era novedad a escala nacional y que Benítez concebía como un periodismo polémico, muy al día, partidario del *star system*. —¡El escritor, el pintor, el músico, como estrellas de la pantalla!—. En el periodismo cultural uno aprende echando a perder las expectativas que tienen los lectores de hallar materiales gratos, y los lectores aprenden echando a perder los sueños de reconocimiento que uno tiene, experiencia que a lo mejor me fue útil —si las experiencias sirven de algo fuera del currículum íntimo— en los veinticinco años que pasé en el suplemento *La Cultura en México*, quince de ellos haciendo las veces de coordinador.

5. *MONSIVÁIS EN EL 68*

R: El 26 de julio en la tarde fui testigo —aterrado— de la represión que inició el movimiento estudiantil y del placer de los agentes al administrar golpizas como lecciones de civismo. A partir de ese momento decidí apoyar al Movimiento y lo hice como pude a lo largo de semanas y meses en los que se iba con tanta facilidad del sentimiento épico a la histeria, de la convicción al rumor, de la alarma al compromiso moral refrendado. Participé en la coordinación de la Asamblea de Intelectuales y Artistas en apoyo al Movimiento Estudiantil, coordiné esos meses el suplemento *La Cultura en México*, que apoyó número a número a los estudiantes; fui a cientos de reuniones, reuní firmas para decenas de manifiestos, intenté hablar —sin conseguirlo— en una asamblea, produje en Radio Universidad el programa oficial del Movimiento Estudiantil —duró poco— y escribí guiones para una serie paródica, *El cine y la crítica*. La actividad frenética, el vivir leyendo periódicos y convirtiendo a cada uno de tus interlocutores en periódico, me radicalizó al punto de que luego de la matanza de Tlatelolco, al ver la perfecta indignidad del Sistema —todos incluidos—, y el aplauso de las Fuerzas Vivas a Díaz Ordaz, caí en el desencanto más severo que recuerdo, que me duró por lo menos dos años. Resentí agudamente el mensaje jactancioso del Sistema:

impunidad absoluta a mediano plazo, y el juicio histórico se lo regalo a mis descendientes. Después advertí las numerosas consecuencias positivas del 68, pero no me fue fácil —no me es fácil— asimilar las imágenes de ese año.

6. ¿POR QUÉ LA CRÓNICA?

R: Es un género literario y periodístico que se presta a todo: a la objetividad y a la subjetividad; al minitratado y al desmadre; a la denuncia y a la frivolidad; a la descripción de las tediosas volteretas del PRI y de la confiable renovación del Maromero Páez; a la política y al *jogging*, a la perestroika de un solo hombre en la cúpula y a la perestroika de millones de personas en las plazas y en las urnas. El género es muy fértil, y lo demás va por cuenta de uno.

SE ENCERRABAN A PIEDRA Y LODO

«DECENA ROJA»

JOYAS, BILLETES Y METÁLICO

La gente temblaba

1 9 1 5

UN LADRÓN DE CAJAS FUERTES

EL ASALTO A LA CASA DEL ACAUDALADO GABRIEL MANCERA

UN LANCIA TIPO TORPEDO

LA CÁRCEL DE BELÉN

EL GRANO DE ARENA

El Automóvil Gris

Sucedió en los días sombríos y atronadores de la Decena Trágica. Un proyectil disparado desde la Ciudadela abrió un boquete en los muros de la cárcel de Belén y desató el arribo de la calamidad pública a la que los diarios llamaron los «Asaltantes Automovilistas», la «Banda de Cateadores» o la «Banda del Automóvil Gris».

Aquella tarde de 1913, aprovechando la confusión que se vivía en la ciudad a consecuencia del fuego cruzado entre las fuerzas del gobierno y los militares golpistas, los reos de la cárcel más temible de México destruyeron los expedientes que consignaban sus fechorías y escaparon entre las balas hacia lo que entonces se llamaba los «barrios de la delincuencia»: las paupérrimas colonias de la Bolsa, Santa Julia, las Trancas de Guerrero y la Candelaria de los Patos.

En un libro de entradas y salidas que los reos no lograron destruir se consignaban, sin embargo, los apodos y los nombres de la mayor parte de ellos: Higinio Granda, Santiago Risco, Rafael Mercadante, Enrique Rubio Navarrete, Francisco Oviedo y Mario Sansi.

Al lado de ellos huía también un sujeto apodado «el Pifas», un ladrón de cajas fuertes que se hizo célebre el día que lo sacaron brevemente de la cárcel para que liberara al cajero en jefe del Banco Nacional de México, que había quedado encerrado accidentalmente en la bóveda —y a quien ni los expertos de la Casa Mosler habían podido rescatar.

Mientras transcurría en la ciudad la «Decena Roja», Higinio Granda, líder del grupo, reagrupaba a sus cómplices en un antro de la colonia de la

Bolsa llamado El Grano de Arena. Todo se conjugó para que la fuga fuera olvidada. El asesinato de Madero, el régimen de terror que siguió, la caída de Huerta año y medio más tarde, las entradas y salidas de zapatistas y constitucionalistas a la capital del país crearon, además, el vacío de poder que Granda y sus hombres necesitaban.

Familias ricas, mujeres solas, comerciantes acomodados, usureros de edad avanzada comenzaron a reportar la existencia de un grupo de delincuentes que, con uniformes militares y órdenes de cateo firmadas por autoridades carrancistas —los generales Pablo González y Francisco de P. Mariel, entre otros—, se presentaba en determinadas residencias con el pretexto de buscar armas y municiones y salía de estas dejando a sus habitantes amarrados y cargando en fundas de almohada una revoltura de joyas, billetes y metálico.

Los maleantes se presentaban en un Lancia tipo torpedo, con cuatro puertas, de color gris, o en un Fiat último modelo. Luego se supo que ambos vehículos eran rentados en un garaje de San Cosme. Las primeras víctimas fueron los señores Enrique Pérez y Luis Toranzo. Siguió un pulquero de apellido González, al que despojaron de ciento cuarenta mil pesos, y un ingeniero de apellido Olvera, al que le quitaron cien mil. El rosario de atrocidades incluyó el asalto a la casa del acaudalado Gabriel Mancera, a quien le robaron medio millón de entonces.

La gente temblaba si un auto cualquiera se detenía ante su puerta. Los robos se cometían también en plena calle. La llegada de la noche abría las puertas del horror. Crecía la convicción de que los extremos de gobierno y bandidaje no solo se tocaban, también se confundían; y corrían leyendas que señalaban como directores ocultos de la banda a los generales Pablo González, amante de la actriz del Teatro Principal, Mimí Derba, y Juan Mérigo, enredado en líos de faldas con la estrella del Lírico, María Conesa.

En tanto los habitantes de la capital se encerraban a piedra y lodo a la caída de la noche, Mérigo y González cenaban en Gambrinus o en el Sylvain, los restaurantes más exclusivos, y depositaban a los pies de las tiples alfombras de flores, fajos de billetes, joyas deslumbrantes.

El verbo «carrancear» fue introducido en esos días como sinónimo de «despojar». El ruido creció tanto que atrajo la atención de Venustiano Carranza y le obligó a tomar cartas en el asunto. La presión sobre los altos jefes carrancistas coincidió con la detención de seis miembros del grupo, quienes fueron sorprendidos por la policía a bordo de una carretela repleta de armas.

Al cabo, dieciocho personas fueron detenidas. Algunas (1915) fueron llevadas al paredón de la Escuela de Tiro de San Lázaro —el cineasta Enrique Rosas filmó la escalofriante ejecución—. Otras murieron envenenadas en su celda o asesinadas por otros reos en los patios de Lecumberri. Alguien alcanzó a escribirle una carta a su madre «para que vea que no soy tan malo y pueda descubrir y dar el nombre del alto militar que nos mandaba a robar». Alguno más brincó los muros y se perdió para siempre.

En 1923, diez años después de la fuga, el viciado proceso seguía en marcha. De ese año es el titular de *El Universal*: «Nunca se sabrá quiénes fueron los responsables del Automóvil Gris».

Más de un siglo nos separa ahora de estos hechos y, al mismo tiempo nada. Como si la banda del Automóvil Gris siguiera recorriendo las calles de este México violento y su paisaje fuera la lumbre de un sistema en ruinas. En ruinas y en llamas.

María Conesa, «La Gatita Blanca», en una tarjeta postal de la Compañía Industrial Fotográfica (CIF), ca. 1920.

«LOS ROBOS SE COMETÍAN TAMBIÉN EN PLENA CALLE. LA LLEGADA DE LA NOCHE ABRÍA LAS PUERTAS DEL HORROR».

SANTA MARÍA LA RIBERA

LOS EXORCISTA CANADÁ

Alguien que corrió para abordar el tranvía de la Rosa

1 9 9 7

LOS MISMOS DESPERFECTOS

DESCUBRIÓ QUE SOLO LO FUGITIVO PERMANECE Y DURA

CAMINÓ POR LA RIBERA DEL LAGO LANGEBAAN

UNA HUELLA ES ALGO EXTRAORDINARIO

LOS HABITANTES ORIGINALES DE LA COLONIA

Huellas

Me intriga esa gente que imprime su huella en las banquetas como si quisiera dejar algo suyo en la ciudad. Frente a mi casa estuvo la huella del zapato de una niña que probablemente ahora esté descansando bajo la tierra. Era una pisada que llevaba ahí toda la vida, a unos metros de la puerta. ¿Qué tan antigua sería? ¿Perteneció a una niña que habitó aquel domicilio antes que yo o fue dejada por alguien que solo iba pasando y no resistió la tentación de pisar la superficie blanda y fresca que la obra pública le ofrecía?

Una vez le hice esta pregunta a uno de mis tíos. Solo movió la cabeza, compadecido por las cosas extrañas que ocupaban la cabeza de su sobrino.

No volví a preguntar, por pena, pero cada que advertía la presencia de alguna huella en la banqueta, era como si un viento misterioso me envolviera.

Pasé la primera parte de mi vida en un barrio antiguo. Las primeras casas, entre ellas la nuestra, fueron levantadas a finales del siglo XIX. Yo hallaba mil motivos para preguntarme si las huellas que tachonaban las calles podían corresponder a alguno de los habitantes originales de la colonia. Alguien que corrió para abordar el tranvía de la Rosa y dirigirse al ministerio en el que trabajaba como escribiente; algún travieso estudiante de la primaria El Pensador Mexicano o alguna señorita que pisó sin darse cuenta mientras se dirigía al cine o a la Escuela Odontológica.

En alguna banqueta de Santa María la Ribera dejé mi propio ejemplar de un zapato comprado en El Taconazo Popis. Un amigo escritor asegura que la huella de los Exorcista Canadá con que una tarde quiso perdurar en el tiempo todavía es visible en una calle de la colonia Escandón.

Manuel Gutiérrez Nájera se quejó de los Ayuntamientos que permitían a la gente de 1894 caminar en banquetas de 1849. «¿Ustedes han visto un

Ayuntamiento que se esté más quieto, sin hacer ruido ni meterse los dedos en la boca? ¿Sabe de otro que haya dado menos qué decir? El Ayuntamiento recibió la ciudad como depósito y va a entregarla con los mismos adoquines, con los mismos baches, con los mismos precipicios y con los mismos desperfectos y averías ocasionados por el tiempo», escribió.

En tiempos del Duque no había llegado el cemento, el polvo del siglo XX y, por tanto, en las banquetas había poco qué explorar. En la ciudad de hoy, los ayuntamientos cambian de banquetas cada año —movidos, sobre todo, por la necesidad de obtener el «guardadito» con que refaccionan las elecciones—. Y, sin embargo, en decenas de colonias las aceras son las mismas que inauguró el regente Rojo Gómez y están plagadas de rastros dejados por ciudadanos de ayer, huellas que no van a ningún lado y que continuarán allí mientras todo lo demás es devorado por el tiempo.

Una huella es algo extraordinario en una ciudad sumergida en sus transformaciones, en un mundo cuyo destino ineludible es la desaparición. Un día de hace 117 mil años, una mujer frágil, pequeña, que no pesaba más de treinta y cinco kilogramos, caminó con pasos torpes y cortos por la ribera del lago Langebaan, en la punta extrema del continente africano. Algo la hizo detenerse un instante: un ave que volaba sobre el lago, el reflejo del sol sobre las ondas azules, un aroma inquietante en un paisaje irrecuperable. Su pie derecho quedó paralelo a la pendiente de barro humedecido, mientras su pie izquierdo se hundía ligeramente en la arena y quedaba orientado hacia el lago.

Un momento después, la mujer siguió caminando. No sabemos nada de ella. Se perdieron su rostro, su carne, sus huesos. Pero ese instante fugaz en el que posó sus plantas en las dunas reblandecidas del lago Langebaan quedó grabado para siempre. Solo permaneció lo más sutil, una huella que resistió 117 mil años de embates, y que investigadores de la Universidad de Witwasterand hallaron a cien kilómetros de Ciudad del Cabo, en agosto de 1997.

Frente a Roma sepultada en sus propias ruinas, Quevedo miró el Tíber y descubrió que solo lo fugitivo permanece y dura. En el mudar de casas y derribar de edificios que ha marcado la historia de la Ciudad de México, algunas banquetas guardan un misterio antiguo. Caminar por ellas es encontrar el secreto que Francisco de Quevedo le robó al Siglo de Oro.

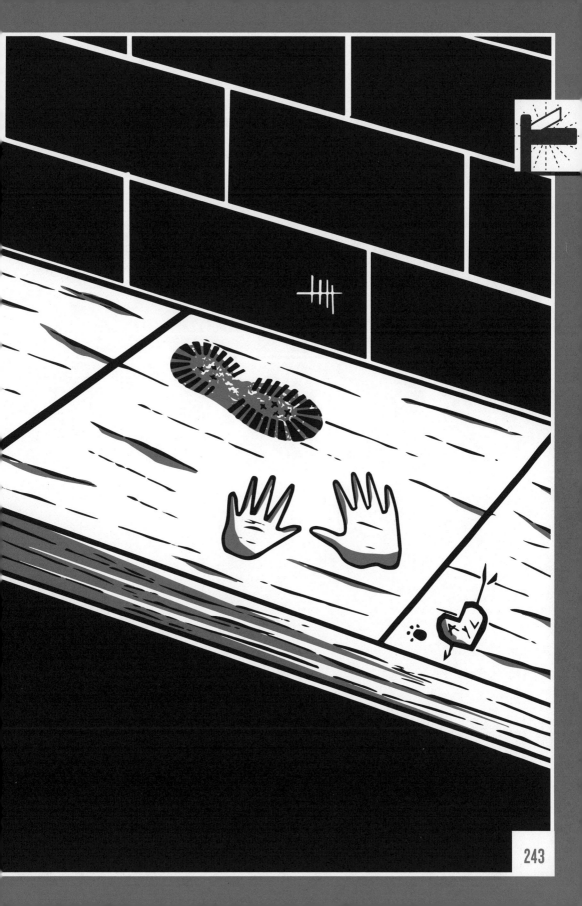

«EL PELÓN» GUTIÉRREZ

«NETAMENTE MEXICANA»

EL FUTBOL HA SIDO UN DEPORTE DE LOS DOMINGOS

La primera vuelta del torneo 1943-1944

1944

NUNCA ANTES SE HABÍAN ENFRENTADO

PARECÍA VIVIR EN UN MUNDO DE SOMBRAS

LA LIGA MAYOR

UNO DE LOS EQUIPOS MÁS ANTIGUOS DE LA CAPITAL DEL PAÍS

EL CLÁSICO DE CLÁSICOS

El hombre que inventó el Clásico

Búscalo en El Salto. Ahí seguro lo encuentras. Nomás porque los perros no hablan, si no, hasta los perros te dirían dónde encontrarlo.

El Salto: unos llanos tristes, sin seña.

—Vete sin cuidado —me había dicho el legendario portero Jaime «el Tubo» Gómez—. «El Pelón» Gutiérrez no sale nunca. Tiene más de ochenta años. Está casi ciego y enfermo de las piernas…

El Salto está a menos de treinta kilómetros de Guadalajara. Pero los perros todavía le ladran a los coches. No vi un solo árbol, solo unos matorrales mustios y amarillentos. A los lejos humeaban unas chimeneas, el sol caía sin permitir la bendición fresca de las sombras.

No se equivocaba el Tubo Gómez, en la calle principal de El Salto, un vecino me dijo:

—El Pelón vive aquí nomás a dos calles. Y se me hace que está en su casa, porque hace rato vi su camioneta. Si quieres, ahorita mismo te encamino.

Pasamos por casas pintadas de blanco, entre perros flacos con la lengua de fuera.

—¡Épale, José! —gritó el vecino—. Aquí viene a buscarte una persona.

Me asomé por la puerta entornada. Adentro, en una habitación oscura, me sonreía José el Pelón Gutiérrez.

Desde siempre, el futbol ha sido un deporte de los domingos. El domingo 16 de enero de 1944, en el campo Atlas de la capital tapatía, se iba a celebrar uno de los partidos de la primera vuelta del torneo 1943-1944. La Liga Mayor, que luego se convertiría en la Primera División del futbol mexicano, acababa de ser fundada. América y Guadalajara nunca antes se habían enfrentado. Por razones extrafutbolísticas, aquel partido, sin embargo, había despertado gran interés en los aficionados.

América era uno de los equipos más antiguos de la capital del país (1916 fue su año de fundación) y alineaba a un poderoso y experimentado grupo de jugadores sudamericanos: Díaz, Scarone y Caffaratti. Guadalajara había nacido el año anterior y su integración era «netamente mexicana». No solo eso: todos sus jugadores eran oriundos de provincia. Ese año en que Jorge Negrete triunfaba con la canción «Aunque lo quieran o no» —«Me gusta ser charro entero / montado en un alazán / y no changuito matrero con ribetes de tarzán»—, los diarios promocionaron el encuentro como una batalla entre Jalisco y los catrines —«los tarzanes»— de la ciudad.

El partido iba a desatar, en efecto, una guerra. El Clásico de Clásicos.

Los muros de la casa del Pelón estaban oscurecidos por la humedad. La luz se colaba trabajosamente por las ventanas. Con un ojo muerto, Gutiérrez parecía vivir en un mundo de sombras.

En aquellos muros oscuros estaban, sin embargo, los destellos fotográficos de su época de gloria. En uno de los cuadros, el Pelón dibujaba una chilena espectacular. En otro aparecía, antes del comienzo de un partido, la alineación entera del Guadalajara.

Miré con atención aquellos rostros borroneados por el tiempo; los detalles de una foto tan antigua en la que, en vez de las camisetas de siempre, se veía a los jugadores llevar camisa de manga corta con despliegue de botones.

El Pelón señaló a sus compañeros uno a uno:

—«El Poeta» Pérez, «el Chato» Hidalgo, «el Raffles» Orozco… Y estos son Victoriano «Zarco», Reyes «Terile», Tilo García, Max Prieto, «el Pablotas» González y «el Cosas» López.

Se guardó a sí mismo para el último:

—Aquí estoy yo, el Pelón Gutiérrez.

No hacía falta que lo dijera: en el pecho de uno de los futbolistas, el de aspecto más decidido, alguien había escrito con pluma: «Pelón G.».

El día de mi visita, Gutiérrez tenía setenta y seis años. Casi todas las fechas se habían ido de su memoria. Solo era capaz de retener, mejor dicho, de atesorar, algunas: la de su nacimiento, en 1920; la de su ingreso a la Selección Jalisco, «en el cuarenta»; la de su llegada a «las Chivas de mi corazón», en 1943; y la de aquella mañana en la que el equipo se enfrentó por primera vez al América.

—En El Salto había una fábrica de hilados en la que trabajábamos casi todos los jóvenes —relató—. Los ratos libres los dedicábamos al futbol, y no lo hacíamos mal. En ese tiempo había algo que se llamaba la Selección Jalisco, a la que iban los mejores jugadores del estado. Muchos de El Salto fuimos llamados. De aquí salió el Pablotas González. De aquí salieron también Félix Valdés, Guillermo Flores, Miguel Salcedo y el Borrego Silva. Los patrones nos decían: «Los que están en la selección Jalisco pueden salir a las dos de la tarde para ir a entrenar». Y como no nos gustaba trabajar, todos queríamos ser llamados. A mí me vieron régulis y me jalaron a la selección. Pero cuando vino la Liga Mayor, la Selección Jalisco se disolvió y surgieron el Oro, el Atlas y el Guadalajara. Tuve la suerte de que me agarró el mejor.

En el partido de ida, las Chivas le ganaron al América 3-1. Los aficionados que abarrotaban las tribunas le dieron al campo del Atlas «un aspecto de manicomio». Fue un partido recio. Un cronista advirtió que el juego había tomado «características de una dureza peligrosa».

Narró en las páginas de *La Afición,* el reportero Salvador Aceves:

> El Pelón Gutiérrez y el americanista Tití andaban a la greña, y a la altura de los veinte minutos, la cosa estaba que ardía. Octavio Vial, en una jugada peligrosa, lesionó en la frente al Raffles Orozco, produciéndole una herida de la que manó sangre en abundancia.

Fue en ese partido cuando todo comenzó. Ellos eran ricos y alzados. Les decían los «ches», porque traían uruguayos y argentinos. Nosotros éramos todo lo contrario: mexicanos pobres, casi puro obrero. Se volvió un duelo de honor. Y salimos a pegarnos con todo. Cuando terminó el partido, el público nos sacó en hombros… Pero los ches juraron vengarse —recordó Gutiérrez.

El partido de vuelta se jugó en el Parque Asturias de la Ciudad de México, el 20 de febrero de 1944. Los roces comenzaron desde que el árbitro dio el primer silbatazo.

—Antes de que acabara la primera mitad, el uruguayo Scarone me echó pleito y yo le rompí la nariz de un puñetazo. Cafaratti, que era su paisano, vino a defenderlo y se armó un relajo que acabó en bronca de todos contra todos. El público se metió en la cancha. El americanista Orvañanos tuvo que irse a esconder a los vestidores, porque lo correteaban a patadas... De ahí salió esa rivalidad que ha durado tantos años. Esperábamos al América, nadie quería perderse esos partidos, cada que jugábamos hacíamos proezas y terminábamos de pleito. Mis compañeros me decían: «Tú inventaste el Clásico. Si no te hubieras sonado a Scarone no hubiera pasado nada de esto».

El Guadalajara debutó en la Liga Mayor en mayo de 1943, en un juego contra el Asturias que hizo hervir a dieciocho mil fanáticos.

—Dábamos partidos espectaculares, hacíamos tarugada y media para ganar, pero algo nos faltaba, nos quedábamos siempre a un paso de la meta.

Por esa causa el equipo fue bautizado como el «Ya Merito». Electrizaba a la tribuna, pero no ganaba campeonatos.

—El Pablotas González y yo teníamos problemas con los compañeros, porque no se entregaban como nosotros. Sudábamos sangre en la cancha y los demás, no.

En 1947, el húngaro Jorge Orth llegó a hacerse cargo del equipo y les propuso a los directivos:

—Si quieren que Guadalajara sea campeón alguna vez, tienen que deshacerse del Pelón y del Pablotas. Se echan sobre los hombros toda la responsabilidad, son los que mueven al equipo, y precisamente por eso el Guadalajara no puede volverse un conjunto.

Quienes estaban presentes creyeron que Orth había enloquecido. Cómo dejar de lado a los ídolos de la escuadra. Pero Orth era el técnico y los directivos acabaron por hacerle caso. Al año siguiente, 1948, Guadalajara conquistó su primer campeonato.

Gutiérrez fue a parar al Oro. Una lesión de la que jamás pudo reponerse le abrió las puertas de la oscuridad. El futbol se terminó para él en 1950. Ganaba diez pesos por partido. Tuvo que regresar a la fábrica de hilados.

Desde luego, recibió homenajes, le tomaron fotos, le dieron diplomas. Pero finalmente llegó el olvido, la soledad de El Salto.

El Pelón Gutiérrez me estrechó la mano. No le dije que a los siete años había pegado en un ropero el escudo del Club Guadalajara y que desde entonces los domingos de mi vida solían ser un martirio.

Metí la mano en el bolsillo del pantalón y no volví a sacarla. No la saqué hasta que estuve de vuelta en el hotel, a una hora en que la noche habría ya devorado las chimeneas, los matorrales mustios de El Salto.

«El mejor del mundo», se leía en un espectacular de Calzada de Tlalpan, anunciando la construcción del Estadio Azteca. El Coloso de Santa Úrsula fue inaugurado el 29 de mayo de 1966 con un partido entre el Club América de México y el Torino de Italia, que terminó con un empate a dos.

EL ESPECTÁCULO QUE OFRECÍA

HIZO LLORAR Y GRITAR Y CORRER

LOS ECLIPSES AUGURABAN CATÁSTROFES

Cómo habrá vivido Sor Juana aquellos instantes de oscuridad

1 6 9 1

CAÍAN LAS AVES QUE IBAN VOLANDO

CARLOS DE SIGÜENZA Y GÓNGORA

SE TOMARON EL DÍA LIBRE

RADIO Y TELEVISIÓN

OSCURECIMIENTO

La noche más corta del siglo XX

En la carta que el escritor y cosmógrafo Carlos de Sigüenza y Góngora dirigió a su amigo el contralmirante Andrés de Pes, se describe la noche más corta del siglo XVII. Esa noche, según un testigo del suceso, el notario Thomas de la Fuente Salazar, duró «diez Aves María, poco más o menos».

Se trata del gran eclipse del 25 de agosto de 1691, que hizo llorar, y gritar, y correr de espanto a los habitantes de la Ciudad de México.

De la Fuente afirma que el eclipse sorprendió por «impensado». Sigüenza sostiene, en cambio, que los astrólogos lo habían prevenido desde mucho antes, y que se hallaba anunciado en toda suerte de almanaques y catálogos. Nada de esto importó al final. La población de la capital de la Nueva España lo vivió como si estuviera presenciando la temida consumación de los tiempos.

Algo tiene el relato de Sigüenza que logra transmitir una suerte de terror antiguo. En unas cuantas líneas, el que fue acaso el hombre más culto de su tiempo logra un retrato perfecto de lo que sucedió aquel día:

> Hora no hallamos más horrorosa. Al mismo instante que faltó la luz, cayéndose las aves que iban volando, aullando los perros, gritando las mujeres y los muchachos, desamparando las indias sus puestos en que vendían fruta, verdura y otras menudencias, por entrarse a toda carrera a la Catedral; y tocándose a rogativa al mismo

instante, no solo en ella sino en las demás iglesias de la ciudad, se causó de todo tan repentina confusión y alboroto que daba grima.

Mientras el notario De la Fuente se ponía a rezar —¿de qué otro modo pudo saber que el eclipse había durado «diez Aves María, poco más o menos»?—, Sigüenza se puso «en extremo alegre» y le dio las gracias a Dios «por haberme concedido ver lo que sucede en determinado lugar tan de tarde en tarde, y de que hay en los libros tan pocas observaciones».

El sabio, según le contó en su carta al contralmirante, dedicó aquellos minutos a observar, «con mi cuadrante y anteojo de larga vista», el espectáculo que ofrecía el sol.

Sigüenza era amigo de la monja Sor Juana. Me gusta preguntarme cómo habrá vivido el Fénix de América, en su celda del convento de San Jerónimo, aquellos instantes de oscuridad. ¿Qué habrá ocurrido en la imaginación de la escritora más grande del Nuevo Mundo mientras faltaba la luz y caían las aves que iban volando? ¿Habrá llegado el lejano aullido de los perros hasta la soledad del claustro?

Formo parte de la generación que en otra ciudad, la ciudad de otro tiempo, vivió la noche más corta del siglo XX. Cosa extraña, un mes antes se habían cumplido trescientos años del eclipse de Sor Juana y de Sigüenza.

El 11 de julio de 1991 aún había gente que creía que los eclipses auguraban catástrofes o provocaban que los fetos se malograran si la madre se volvía a mirar el sol. Había gente que creía que el eclipse, el mayor del siglo, iba a señalar el comienzo de una era mejor. Malas noticias, un cuarto de siglo más tarde, el mundo sigue siendo la misma monserga.

Hay que reconocer, sin embargo, que en comparación con el siglo XVII, todo estaba bastante cambiado. En vez de entrar corriendo a la Catedral, la gente esperaba en el Zócalo, «emocionada y ansiosa», la llegada del «oscurecimiento». Radio y televisión transmitían el eclipse al resto del planeta.

Yo también quisiera escribirle una carta al contralmirante Andrés de Pes, pues a pesar del tiempo transcurrido recuerdo con claridad aquel instante. Ese día, la ciudad entera se detuvo. Las fábricas dieron permiso a sus trabajadores para que salieran a observar el cielo. Los empleados de las oficinas públicas se tomaron el día libre. En las calles circulaban pocos autos.

Se nombró una Comisión Intersecretarial encargada de estudiar el fenómeno. Había un grupo de científicos en el zoológico de Chapultepec, encargados de estudiar las reacciones de los animales.

Expertos mexicanos y japoneses escalaron hasta la cima del Popocatépetl para estudiar la luz de la corona exterior, «así como la densidad del anillo de polvo que rodea al sol».

A diferencia de otros eclipses, que hay que ir a verlos en sitios despoblados, el gran eclipse tuvo la amabilidad de venir a la Ciudad de México. Una nota de ese tiempo dice que lo contemplamos cuarenta y ocho millones de personas en la capital y en once estados.

Amigo contralmirante: A las 15:15 inició la noche más corta del siglo XX. Duró seis minutos con treinta y seis segundos. Los animales se adormecieron. Las plantas bajaron sus hojas. Los grillos comenzaron a cantar. Las luces se encendieron en varios edificios de Insurgentes y Reforma. Miles de personas salieron a la calle a mirar el firmamento. Los faros de los autos se encendieron mientras altavoces colocados en las patrullas recomendaban el uso de filtros solares.

La noche invadió al día.

Dicen que en la Ciudad de México no volverá a ocurrir algo semejante hasta el año 2261, así que quienes vivimos esa extraña tarde podemos agradecer, puesto que presenciamos algo que solo ocurre de tarde en tarde.

Si en 2261 aún existe la ciudad, un Sigüenza del siglo XXIII agregará un nuevo capítulo a este relato.

La avenida Izazaga y el antiguo convento de San Jerónimo, cuando todavía alojaba una vecindad y en donde aún se aprecia la marquesina de lo que fuera el Smyrna Dancing Club; este espacio se transformó en 1979 en la Universidad del Claustro de Sor Juana.

MI ABUELO PATERNO SE UNIÓ A LA REBELIÓN

CON NOMBRES FALSOS, HUYENDO DE UNA CIUDAD A OTRA

CANDIDATURA DE CALLES

Abrió en su propia casa una pequeña escuela de canto

1 9 2 8

EL ROMPIMIENTO EN EL CLAN SONORENSE

SOBREVIVIÓ DURANTE SU EXILIO

LAS FEROCES CAMPAÑAS CONTRA EL HUERTISMO Y EL CARRANCISMO

NADERÍAS MUSICALES

ESCUELA DE INGENIERÍA

«Canta, Fito, canta»

Hubo un presidente de México que terminó sus días convertido en maestro de canto. Terminó así por honradez, pues salió de la presidencia sin un centavo en el bolsillo, y terminó así por necesidad, porque en los años iniciales de su exilio en Estados Unidos, su mujer tuvo incluso que coser ropa ajena y sus hijos tuvieron que salir a vender diarios en las calles. Pero terminó así, sobre todo, porque la música fue su segunda piel, como afirma el historiador Pedro Castro.

La historia de Adolfo de la Huerta, presidente número cuarenta y tres de México, me habita vagamente desde la infancia. En 1924, mi abuelo paterno se unió a la rebelión que quería impedir que Plutarco Elías Calles llegara a la presidencia de la República. La rebelión delahuertista ocupa, por tanto, un listón tan alto en la épica familiar como la tarde en que bajo la palmera que está en la esquina de la que fue nuestra casa, uno de mis tíos molió a golpes al matón más peligroso del barrio.

En esa épica familiar hay un muchacho de veinte años que huye en ferrocarril de la Escuela de Ingeniería, que se enreda en la Revolución, porque la Revolución se enreda simplemente en su vida, y que en el cortísimo tramo que duró el alzamiento de De la Huerta logró obtener las presillas de capitán y obtuvo también una herida de bala en la pierna derecha, que recibió en la emboscada a través de la cual Juan Andrew Almazán aplastó los rescoldos del delahuertismo —y que se dedicó a mostrarle a sus nietos durante el resto de su vida.

En la casa en la que crecí, De la Huerta fue «el único presidente honrado que ha habido en un país de sinvergüenzas y ladrones», «el único hombre de la

Revolución que nunca asesinó ni ahogó a sus enemigos en un diluvio de sangre» y «el único general ante el que Francisco Villa se rindió voluntariamente».

Sé que hubo algunas frases más, pero no las recuerdo. Sé que hubo la fotografía de un Adolfo de la Huerta con botas muy lustrosas, y no sé dónde quedó. Sé, por último, que hubo una anécdota de Adolfo de la Huerta cantando como nadie la canción «Estrellita», de Manuel M. Ponce, aunque siempre la creí falsa.

Ese segundo Adolfo de la Huerta, maestro de canto y virtuoso del violín, fue rescatado por el historiador Pedro Castro, quien localizó un manuscrito inédito, escrito por el secretario particular del expresidente entre 1923 y 1933: Roberto Guzmán Esparza.

El documento se titula *Adolfo de la Huerta, el desconocido*, y contiene un relato fascinante: la manera en que De la Huerta sobrevivió durante su exilio, enseñando canto a los actores que anhelaban triunfar en el alba del cine sonoro hollywoodense.

De la Huerta, jefe de la revolución de Agua Prieta, era el vértice menos sanguinario del clan sonorense, que completaban Álvaro Obregón y Plutarco Elías Calles. Se había iniciado en la juventud en los secretos del *bel canto* —una tradición que pasaba de boca en boca, de la que él se apropió gracias a un barítono italiano de apellido Grossi—; de modo que al tomar las armas, en las noches del campamento, durante las feroces campañas contra el huertismo y el carrancismo, sus amigos le solicitaban: «Canta, Fito, canta».

Presidente interino tras el asesinato de Carranza, antes de entregar el poder a su amigo Obregón —y convertirse él mismo en secretario de Hacienda del Caudillo—, De la Huerta promovió como ningún otro la música en México, lo que le valió un alud de críticas venenosas por parte de sus enemigos.

Lo acusaban de no robar, no matar, pero… ¡ah!, saber cantar, según relató su secretario.

En un país al que la Revolución había acostumbrado a aplaudir la ferocidad de sus caudillos, sus detractores lo despedazaban por perder el tiempo en naderías musicales y le endilgaban motes infamantes: «el Presidente Corista» o «De la Huerta el Tenorcillo».

Se burlaba Álvaro Obregón: «En el destierro, Fito podrá al menos dar clases de canto. En cambio yo, con un solo brazo, no podría conseguir trabajo ni de barrendero».

En 1923, en el contexto de la sucesión presidencial del Caudillo, De la Huerta, ministro de Hacienda, fue excluido de las conversaciones sobre la deuda externa que culminaron con los Tratados de Bucareli; al mismo tiempo, se hizo patente el respaldo que Obregón brindaba a la candidatura de Calles. Ese fue el año en que Francisco Villa fue acribillado y en el que De la Huerta, que se había opuesto tanto a los tratados como a la candidatura de Calles, sobrevivió a tres supuestos intentos de asesinato. El rompimiento en el clan sonorense fue inevitable. A fines de 1923, con el apoyo de amplios sectores del ejército, la rebelión delahuertista estalló.

Como se sabe, Calles terminó en la presidencia y De la Huerta en el exilio. Vivió oculto mucho tiempo, con nombres falsos, huyendo de una ciudad a otra. Relata Pedro Castro: «Al llegar a Los Ángeles tuvo que refugiarse en la casa de un amigo, de donde no salía ni de noche ni de día para ocultarse de los agentes enviados por el gobierno de Plutarco Elías Calles». Dichos agentes no tenían otra encomienda que la de asesinarlo.

Cuando las cosas se enfriaron, la profecía de Obregón se cumplió: este no halló trabajo ni de barrendero, porque estaba muerto, y De la Huerta abrió en su propia casa una pequeña escuela de canto, en la que trabajaba doce horas diarias. Enrique Caruso lo había escuchado cantar alguna vez y dijo que el general estaba destinado a convertirse en su sucesor. Lo llamó, incluso, «eximio tenor». La figura curiosa de un expresidente convertido en profesor de canto llamó la atención de la prensa estadounidense, que le dedicó varios reportajes. Decía De la Huerta: «Al que no cante, lo haré cantar, al que ha perdido la voz haré que la recupere, al barítono lo convertiré en bajo y al bajo en tenor». Pedro Castro lo dibuja ante sus alumnos, marcando con las manos el compás, mientras su esposa desgranaba melodías en el piano. José C. Valadés lo entrevistó en su academia y escribió que «la persona que entraba sin poder ni siquiera tararear una melodía, sale de ahí a los cuantos meses dando 'dos' de pecho».

La llegada del cine sonoro en 1927 y la fiebre que desató *The Jazz Singer* procuraron al profesor de canto una holgura económica que no había conocido en los años negros: su sala de espera se llenó de actores «mudos» que deseaban aprender a cantar para intentar fortuna en el género de moda, los musicales hollywoodenses. Estos mismos actores lo llamaban «el Hombre del Milagro». «La prosperidad del señor De la Huerta se percibe de inmediato», escribió Valadés.

Era una prosperidad que no tenía que ver con «la corrupta casta militar» que exiliaba a los enriquecidos por la Revolución a todas las ciudades del mundo. En los años de gloria de la academia, entre los discípulos más célebres del expresidente, figuraron el malogrado cantante yucateco Guty Cárdenas, cuya carrera fulgurante fue truncada por una bala en el Salón Bach, y el mismísimo hijo de Caruso, a quien le llovieron ofertas cinematográficas gracias a las enseñanzas del hombre al que su padre había considerado «eximio tenor». La Gran Depresión, sin embargo, dejó al expresidente prácticamente sin empleo y con nulas posibilidades de volver a México, donde comenzaba la era conocida como el Maximato (1928-1934).

Tras un lustro de penurias, Lázaro Cárdenas lo sacó al fin del atolladero y le ofreció un puesto en la Secretaría de Relaciones Exteriores. Al paso del tiempo, De la Huerta fungió como director de Pensiones. Su secretario recuerda que en esos años Agustín Lara había entregado a México el gusto por los boleros llorones, alejándolo de la ópera y la música de concierto. No había prosperidad en ello, pero Adolfo de la Huerta siguió dando clases de *bel canto*, por simple apego a la música.

Pedro Castro cree que la vida modestísima del expresidente, que contrastaba de manera escandalosa con los dispendios de los generales triunfantes, fue ocultada cuidadosamente por los gobiernos de la Revolución. Ellos seguían robando y matando, mientras Fito… ¡ah! sabía cantar.

De la Huerta murió en 1955. El mundo tiene misterios. Si efectivamente mi abuelo lo oyó cantar «Estrellita», puede ser entonces que en un rincón de mi ADN esté guardado el eco de su voz.

OLÍA A
ESCLAVITUD

POSEE UNA
PEQUEÑA
HISTORIA
FASCINANTE

PAPELERÍA DEL GOBIERNO
CAPITALINO

Era una especie de acta de nacimiento

1 9 1 2

¿QUÉ PENSÓ HERNÁN CORTÉS DE AQUEL EMBLEMA?

PALACIO
NACIONAL

ARROJADO AL
DESVÁN

JOYA DEL
SINCRETISMO

LA REVOLUCIÓN MEXICANA

El olvidado escudo
de la ciudad

Arturo Sotomayor se quejaba porque no había conocido a un solo habitante de la muy noble y leal Ciudad de México que pudiera reproducir de memoria, «ni describiéndolo ni dibujándolo», el escudo de armas de la capital.

Ese escudo, sin embargo, circula profusamente en la papelería del Gobierno capitalino. No solo eso: se encuentra a la vista de cualquier persona en el hermoso tablero de azulejos que decora el Antiguo Palacio del Ayuntamiento.

¿Hemos perdido interés en la ciencia del blasón o es solo que miramos al escudo como algo que ha dejado de pertenecernos?

Es extraño que no lo recordemos: el escudo es tan viejo como la ciudad. Nació en 1523 y posee una pequeña historia fascinante.

Ese año, tres embajadores especiales, Francisco de Montejo, Alonso Hernández Portocarrero y Antón de Alaminos, presentaron ante Carlos V una carta en la que Hernán Cortés solicitó, para la ciudad recién conquistada, «un escudo de armas que pudiese llevar en sus pendones y poner en su sello».

El 4 de julio de ese año, en Valladolid, y a través de su secretario general, Francisco de los Cobos, el emperador Carlos V autorizó la solicitud.

El escudo concedido por Su Majestad era una especie de acta de nacimiento de la Ciudad de México. José María Marroqui lo describe de este modo:

> Tenía en medio de un campo azul de agua, un castillo dorado y tres puentes de piedra para llegar a él, dos de los cuales no le tocaban, y en cada uno de estos un león levantado asiendo con las garras el castillo, apoyados los pies en el extremo del puente. Por orla, diez hojas de nopal con sus espinas en campo dorado…

¿Qué pensó Hernán Cortés de aquel emblema? Si el conquistador sabía de heráldica, habrá entendido que el campo azul de agua aludía a la situación lacustre de la ciudad y significaba Justicia, Serenidad y Lealtad. Habrá entendido que la torre era la ciudad misma, y que su aspecto inexpugnable simbolizaba su capacidad para defenderse de sus enemigos: por eso los puentes que la rodeaban no podían tocarla.

Cortés habrá comprendido, en fin, que los leones representaban la soberanía y el espíritu guerrero, y que los diez nopales bordados en oro recordaban los señoríos nativos, el paisaje que había rodeado a la extinta Tenochtitlan.

Con esos datos, se mandó hacer el primer pendón, la primera bandera de la ciudad, que por entonces tenía solo dos años de vida.

La tela para hacer el escudo costó dieciséis pesos. Cortés se la compró a dos vendedores llamados Diego González y Hernando Alonso Montes. La manufactura del pendón corrió a cargo de un sastre de apellido Portillo, quien cobró un peso por su labor.

¿Dónde habrá colocado Cortés aquel escudo? ¿Lo habrá hecho ondear en lo alto de la casa desde la que gobernaba? ¿O lo mantuvo guardado y lo empleó solo durante los actos oficiales?

Para el cronista Arturo Sotomayor, las nociones de heráldica del secretario del emperador, don Francisco de los Cobos, debieron ser muy precarias, o tal vez el virreinato le importaba un comino, porque el escudo que remitió a la ciudad se hallaba incompleto: le faltaba el remate.

El ayuntamiento intentó reparar el yerro, pero tuvo el atrevimiento de hacerlo sin consultar a la Corona. «Por alguna ignorada fuerza telúrica», explica Sotomayor, los burócratas de la Nueva España decidieron incluir, a manera de remate, la figura de un águila posada sobre un nopal devorando a una serpiente.

Este escudo habría sido una joya del sincretismo —leones de Castilla compartiendo *calpulli* con la más connotada de las insignias aztecas—, pero al virrey don Juan de Palafox aquello le pareció un insulto, un horror, una herejía, y ordenó que el águila fuera retirada.

Durante toda la Colonia, el escudo confeccionado por el sastre Portillo fue el estandarte que presidió, amparó y vigiló la vida de la ciudad. Tras el triunfo de la Independencia, sin embargo, y a la llegada del poder de los liberales, se decidió arrojarlo al desván de los trastos inútiles. Era una enseña del pasado que nadie quería recordar. Olía a esclavitud, a sometimiento, a sujeción. Olía a todas las cosas que los liberales querían cambiar. Se pasó el siglo XIX en aquel desván.

Esto también resulta extraño, pero fue la Revolución mexicana la que sacó al escudo del olvido. En 1912, el presidente Madero lo restableció como emblema de la ciudad.

Pero de poco sirvió. Han pasado treinta años desde que Arturo Sotomayor se quejó de que nadie lo recordaba, y casi nadie puede reproducirlo, «ni describiéndolo ni dibujándolo».

Diré en descargo suyo que el pendón, obra de la primera generación de habitantes de la Ciudad de México, es anterior a todo lo que conocemos: la Catedral, el Hospital de Jesús, los portales del Zócalo, el Palacio Nacional, la parroquia de Santa Catarina o el viejo convento de San Francisco.

¿No basta todo esto para hacerlo nuestro?

ESTABA PREPARADA PARA LO PEOR

HELICÓPTEROS, SIRENAS, VIDRIOS ROTOS

VARILLAS RETORCIDAS EN DONDE ANTES HUBO EDIFICIOS

Sentí el cruce de ambos tiempos

2 0 1 7

ENTRE LOS ESCOMBROS

ALGUIEN DIJO QUE SE OÍAN GRITOS

UN COLCHÓN ASOMABA BRUTALMENTE

LA CIUDAD TENÍA UN POCO DE HORMIGUERO DESQUICIADO.

FORMAMOS UNA CADENA HUMANA

Todas las veces que haga falta

El destino nos tenía preparado otro 19 de septiembre. Pero a diferencia del de 1985, que vino sin que nadie lo esperara, el segundo 19 de septiembre cayó sobre nosotros de la peor manera: a dos horas de haber realizado el simulacro contra terremotos, que probaba que la Ciudad de México estaba preparada para lo peor y el mismo día en que se conmemoraban treinta y dos años de la fecha siniestra: la peor tragedia en la historia moderna de la ciudad.

Nunca creí volver a ver todo esto. Helicópteros, sirenas, vidrios rotos, pedazos de balcón o de fachada tirados en la banqueta, gente llorando en los camellones, olor a gas, ataques de histeria, piedras y varillas retorcidas en donde antes hubo edificios: edificios en los que la gente vivió y tuvo hijos.

Habían pasado apenas minutos desde el arribo de este otro 19 de septiembre y en las calles no había duda de su gravedad. La ciudad tenía un poco de hormiguero desquiciado. Esa clase de locura que acompaña solo a las grandes tragedias.

En Ámsterdam y Laredo, colonia Condesa, había uno de los —treinta y ocho— edificios que colapsaron aquel día. Pasé por ahí en el momento en que rescataban de las ruinas a un pequeño perro negro —que salió de los escombros con la cola entre las patas y empezó a ladrar de susto o de felicidad.

Alguien dijo que se oían gritos, que había gente viva entre los escombros. Policías y personal de Protección Civil cerraban la calle. Se acercaba una excavadora. Varios civiles treparon por los escombros y escarbaron a mano pelada entre las piedras.

Un colchón asomaba brutalmente a mitad de las ruinas. Había varios trajes de hombre envueltos aún en el plástico de la tintorería, una carpeta repleta de papeles, una hoja de papel en la que la mano torpe de un niño había dibujado varias figuras humanas y un cuaderno que alguien usó para jugar ¡Basta!: «Nombre, ciudad o país, flor o fruto…».

Vi cosas horribles pero ninguna me sacudió tanto como un pequeño oso de peluche que miraba al cielo con los brazos abiertos. «¡Aquí está sepultado un bebé!», avisó alguien.

Los que estaban sobre la inmensa montaña hecha de piedras en que el terremoto convirtió al edificio empezaron a remover y arrojar desde lo alto toda clase de escombros. Cayeron puertas, pedazos de clóset, marcos de ventana, una lavadora aplastada. No hubo necesidad de que nadie dijera nada. Los que estábamos abajo, cientos ya, formamos una cadena humana que trasladó los despojos que lanzaban los de arriba hacia el camellón de Ámsterdam.

Nadie sabía qué hacer, pero todos queríamos hacer algo. Con el polvo que blanqueaba el cabello y la ropa se me vinieron encima las imágenes de antes: el otro sismo. Volví a ver las ruinas del Regis, del Centro Médico, del edificio Nuevo León, no sé… de la cafetería Superleche.

Sentí el cruce de ambos tiempos. La misma gente ayudando, pero con otras caras.

Vi a los hípsters de la Condesa quitarse las camisetas para ponerse a cargar escombros. Meseros y meseras de las fondas cercanas vinieron a ayudar. Vecinos, con tapabocas y sin ellos, conseguían botes, cubetas, carritos de supermercado: todo lo que sirviera para acarrear las piedras de la muerte. Los que hace treinta y dos años sobrevivimos al sismo también nos pusimos en fila, otra vez nos pusimos en fila.

Rescataron los cuerpos de dos personas que intentaban llegar a la azotea cuando el edificio se derrumbó. No logré verlas. Dijeron que estaban muertas.

Había una patrulla semiaplastada en la esquina y también había cables enmarañados y árboles caídos. Todos gritaban órdenes y contraórdenes. Todos callaban cuando los que estaban sobre los escombros alzaban el puño en señal de que habían escuchado algo.

Ignoro quién dijo que a la hora del sismo había en el edificio diez personas y que debían estar ahí sepultadas. Entonces, una muchacha se hincó sobre las piedras y comenzó a excavar con las manos como un animal excava su madriguera.

Tres horas más tarde partían desde los escombros tres cadenas humanas infinitas. Pedruscos, trozos de muro, pedazos de escalón, azulejos de cocina y de baño, pasaban de mano en mano. Nos estábamos llevando la vida rota de unas personas y cuando la apilábamos en las esquinas, no tenía ya ninguna forma, ningún orden, ningún sentido.

Oí que hacía falta ayuda en la esquina de Puebla y Salamanca. Me moví hacia allá. La gente que hallé en el trayecto iba de un lado a otro, enloquecida. A pie, en bicicleta, en moto, en auto. Se oían trozos de conversaciones. De nuevo hubo sirenas, helicópteros, vidrios tirados en la banqueta, pedazos de fachada o de balcón. El 19 de septiembre otra vez. Solo piedras y varillas en donde antes hubo un edificio.

Mi teléfono carecía de señal. No tenía acceso a las redes sociales. No había leído los mensajes que informaban del derrumbe de bardas y edificios en todos los rumbos. Supe, sin embargo, que algo muy malo había ocurrido cuando hallé a los pacientes del Hospital Durango a cielo abierto, en el camellón, recostados en sus camas y con sueros y tanques de oxígeno.

No voy a olvidarlo. No lo podré olvidar jamás. Un hombre muy débil y muy pálido miraba con los ojos perdidos el cielo y las ramas de los árboles. Conté siete camas en el camellón. Algunos familiares de los enfermos se secaban la nariz y los ojos llorosos con pañuelos desechables, sin poder entender por qué, además del drama que ya vivían, debían pasar por todo esto.

En los Oxxo cercanos se había acabado el agua. La gente pedía medicinas, sal, cobertores, linternas, picos, marros y palas.

Caminé por Puebla, Valladolid, Álvaro Obregón, otro tramo de Ámsterdam y Cacahuamilpa. El Ejército y la Marina habían acordonado los lugares críticos, pero la gente se seguía acercando para ayudar y se quedaba cerca de los escombros, esperando.

Iba a oscurecer ya y los vi ahí, como aquel día.

Hombres y mujeres levantando la ciudad otra vez. Todas las veces que haga falta.